話し方を変えるだけで幸運がやってくる!

運がいい人の「話し方」、運が悪い人の「しゃべり方」

有川真由美

廣済堂出版

はじめに

なぜ「話し方」を変えると、運がよくなるのか？

あなたのまわりにも、「あの人はなぜか運を引き寄せている」「あの人と一緒にいると、いいことがある」と感じる人がいるのではないでしょうか。

小さなことで言えば……、

「お店やレストランでオマケやサービスをしてもらった」

「むずかしいと思っていた有給休暇の申請が、あっさり通った」

「求めている人を紹介してもらえた」

「とんとん拍子にやりたいことが叶った」

という具合に。

「幸運」は、幸せを運ぶと書きますが、多くの場合、運を運んでくれるのは、なにかしら接点のある〝人〟なのです。

もちろん、「くじに当たった」「信号で止まらなかった」「ほしかったものがセールになっていた」など〝たまたま〟という運もあります。そんな運に〝気づく〟か、〝生かす〟

かも、その人の心のとらえ方が大きく影響しているといえるでしょう。

この本では、幸運な人になるために、「話し方」を変えて、人やものごとに対する「感じ方・考え方」を変える方法を、具体的に提案したいのです。


私も人生のなかで、縁のある人に多くの幸運を与えてもらいました。

たとえば、「偶然、旅先で出逢った出版社社長からチャンスをもらい、デビュー作が生まれた」「お金も住む家もなかったとき、食堂で相席した老婦人が家を貸してくれた」「長年ファンだった作家を担当編集者に紹介してもらい、一緒に仕事をするようになった」など、自分でもびっくりするような大きな幸運が、いつも〝だれか〟の力によってもたらされてきました。

運というのは、身近にいる人だけでなく、たまたま出逢った人、ときどき会う人が運んでくれることも、じゅうぶんあります。

その明暗を分けるのが**〝話し方〟**なのです。

ちょっとした会話で「感じのいい人だ」「話しやすい」「仲良くなれそう」など好印象をもってもらえれば、そこから幸運が生まれる可能性は大いにあります。

そもそも人は、だれかのためになりたいという欲求を心の奥にもっています。自然にそんな役割ができる関係は、幸運がどんどん巻き起こる場となるのです。

反対に、「なぜか運が悪い」という人もいるものです。

「いい人なのに、なぜか仕事運がない」「仕事はできるけど、なぜかトラブルが起きやすい」

「一生懸命なのに、なぜか誤解されて〝敵〟ができる」「いい人と出逢っていても、なぜか縁が切れやすい」……というような。

それは、天から降ってきた不運ではなく、〝しゃべり方〟の問題が大きいのです。

「しゃべる」とは、軽い内容を軽い調子で「話す」こと。言いたいことをあまり考えずに口にすること。その場かぎりでべらべら、もごもごとしゃべること。

この本では、言葉がひとりよがりで軽いことを意味します。

そのため、まわりにうっすらと不信感や不安、ときには怒りや失望を与えることになり、残念なことが起きやすいのです。

運のいい人は、相手に伝わるように話します。

運の悪い人は、自分が伝えたいようにしゃべります。

これが決定的な違いで、運のいい人は、意見や価値観の違う相手とも、それはそれとして折り合いをつけながら生きています。

運の悪い人は、問題の本質が、しゃべり方や考え方にあることに気づきません。

ところで、あなたは幸運な人について、こんなふうに思ったことはありませんか。

「みんなによくしてもらえる人は、容姿や能力、育った環境など恵まれているからだ」

「明るく、社交性やかわいげがあって、どんどん人の懐《ふところ》に入っていける性格だからだ」

……というように、なにか特別なものをもっているから幸運なのだと。

もちろん、それらが恩恵《おんけい》やチャンスにつながることもあるでしょう。

しかし、それだけで、ずっと幸運が続くわけではありません。

ほんとうに幸運な人というのは、なにももっていなくても、話すだけで、相手の心をつかめる人なのです。

その〝場〟にいい空気が流れて、相手に「また話したい」「声をかけたい」「なにかしてあげたい」と〝好感〟をもってもらえれば、幸運の輪が広がっていくのです。

反対に、どんなにいいものをもっていても、話が弾まず、重苦しい空気が流れていたら、「また話したい」「なにかしてあげたい」という気持ちは起こらないでしょう。

ほんとうの幸運とは、そんな好意をもってくれた〝他力〟によってもたらされるもの。
そして、〝他力〟を引き出す鍵が〝話し方〟なのです。

「幸運な話し方」のために必要な3つのこと

ここまで読んでもまだ、「私は話がうまくないから、人と楽しく会話するのはむずかしそう」と思った人もいるのではないでしょうか。

心配には及びません。この本で伝える「幸運がやってくる話し方」は、すべての人がコツさえつかめばできるようになります。

そのために、まずは3つの無駄な努力を手放してください。

ひとつ目は、**うまく話そうとしないこと。**

「饒舌《じょうぜつ》でなければ」「面白い話をしなければ」「相手を笑わせなければ」「話題が豊富でなければ」とがんばる必要はありません。

話がうまいかどうかは、幸運にはあまり関係がありません。

たとえば、服を求めてショップに入ったとき、ペラペラとよどみなく商品説明をして、ぐいぐい押してくる店員と、口数は少ないけれど、こちらの好みや要望を聞いて服をすすめてくれる店員、どちらと話したいと思いますか？

当然、後者ではないでしょうか。

まずは相手のことを受け入れよう、理解しようとする話し方が〝信頼〟につながるのです。

ふたつ目は、**無理に性格を変えようとしないこと**。

人と仲良くなるために、明るく積極的な性格になろうとしても、疲れるだけ。どれだけ取りつくろっても、すぐにバレますし。

自分のストレスを軽減することが、心地いいコミュニケーションの基本なのです。

いまのあなたのままで、じゅうぶん人と付き合えます。大切なのは、性格を変えることではなく、単に社交のコツやものの言い方のコツを身につけることです。

たとえば、同僚に仕事を頼まれたとき、「いま、忙しいんですけど」と言う人、「いま急ぎの仕事をやっていますが、3時ごろは手が空きますよ」と言う人、どちらが付き合いやすいでしょう？

もちろん、後者のはずです。どんな性格であっても、ものの言い方を変えることはできるはずです。

そして、3つ目は、矛盾するようですが、**相手に好かれようとしないこと**です。

人間関係では「好き嫌い」という感情が大きく作用していることは事実ですが、好かれることに意識が向くと、言いたいことが言えなかったり、自分を飾ったり、人によって態度を変えたり。結果、コミュニケーションがうまくいかなくなるのです。

たとえば、初対面の人と話すときに、緊張しすぎてしまうのは、「よく思われたい」という気持ちが強いから。「自分はどう思われるのか？」と〝自分〟に意識が向きすぎて、目の前にいる〝相手〟が見えなくなっているのかもしれません。

「この人はどんな人？」「なにに興味がある？」「どう話したら伝わる？」と相手に意識を向けると、緊張せず、伝わりやすい話し方になります。

恋愛においても、「好かれたい」「よく思われたい」と思う相手との距離はあまり縮まらず、ざっくばらんに話す相手から好意をもたれるということがあるものです。

これは、伸び伸びと自分らしく振る舞う姿が、魅力的に映るからでしょう。

「好かれよう」ではなく、まずは自分が相手を好きになること。「相手に喜んでほしい」「相手を理解したい」という気持ちで話すことが、結果的に好かれるのです。

好きになれない相手でも、「そういう人だ」と悪意をもたないことを心がければ、避けたり、壁をつくったり、刺々《とげとげ》しい言葉を口にしたりすることはなくなるでしょう。

相手の自分に向けられる目は気になるものですが、「嫌われなければいい」くらいに考えておけばいいのです。

じつは、**幸運な話し方では、「好かれること」より「嫌われないこと」が大事**です。

どんなにいい話をしても、押しつけたり、上から目線だったり、嫌味が混じっていたり……と、相手の気持ちを考えない不作法な話し方では台無し。一度でも「イヤな人だな」「この人とは付き合いたくない」という印象をもたれたら、幸運が生まれないどころか、協力を得られない、足を引っ張られるなど、不運なことが起こりかねません。

幸運な人たちは、嫌われることが大きなリスクになることをわかっているので、毒になる言葉を吐いて相手の気分を害さないことには細心の注意を払います。

むずかしいことではありません。「自分が言われたくない言い方はしない」と礼儀をわきまえればいいのです。それでも嫌われたら、相手の問題でしょう。

そろそろおわかりいただけたのではないでしょうか。

幸運をもたらす話し方というのは、自分の表現ではなく、相手の気持ちに寄り添った〝相手ファースト〟の話し方です。といっても、ただ空気を読んだり、媚《こ》びたりするわけではありません。自分を変えることでもありません。

突き詰めると、「信頼される」ということなのだと思います。

〝信頼〟とは、信じて期待すること。相手に「この人ならわかってくれる」「この人なら安心できる」「この人なら正直に言ってくれる」など、プラスの影響を与えてくれると信頼されると、自分の意見を伝えたり、思いを実現したりできるようになります。

必然的に思いがけない幸運が、どこからか舞い込んできます。

反対に、自分の意見を押し通そうとしたり、取りつくろったり、なにを考えているかわからなかったりしては、信頼は得られず、幸運は遠ざかっていくでしょう。

幸運な人たちは、「相手のため」が、結果的に「自分のため」のいちばんの近道であることを、無意識か意識的かに関わらず、よくわかっているのです。

すべての人は、大切にされたいと思っています。

そして、自分のことを大切にしてくれる人を大切にします。

人間関係では「相手に投げたものが自分に返ってくる」というシンプルな法則をわかっていることが、幸運な話し方のもっとも重要な基本なのです。

話術を磨くよりも、〝好き〟を磨いて、まずは自分から与えること。特別なものをもっていなくても、そんな好意をのせた話し方は一生ものの財産になるのです。

話し方は人間関係だけでなく、自分のマインドも変えてくれる

幸運な話し方というのは、むずかしいテクニックや言葉を使う必要はありません。〝慣れること〟が重要です。

そして、**話し方は、相手だけでなく、自分の考え方や感情まで変えてくれます。**

たとえば、苦手だと思っていた相手に意識して丁寧に話したり、名前を呼んだりしていると、それほど抵抗がなくなり、気がラクになってくることがあります。

そんな経験が増えてくると、人に対して目線がやわらかくなり、あまり苦手意識をもたなくなってくるのです。

私も、初対面で「この人、怖そうだな」「話が合わないかも」などと思うことがあります。

それでも、いつもの習慣で自分からあいさつをしたり、とりあえず天気の話でもしたりするうちに「意外にいい人じゃないの」「結構、話が合うかも」と気持ちが変わってきます。

第一印象があまりよくなかった相手が友人や仕事仲間になって、長年、応援してくれていることも少なくありません。

ほかにも、スーパーのレジで精算するとき、宅配便の受け渡しのときなど、「ありがとう」という習慣があると、自分がいい気分になります。

家族に「ありがとう」を繰り返していると、少々憎らしいと思うことがあっても、「まぁ、いつもお世話になっているしね」と気持ちが軽くなるものです。

そんな気持ちの軽快さが心の余裕になって、身のまわりの幸運に気づいたり、まわりにいい影響を与えて幸運を引き寄せたりするのです。

反対に「弱り目に祟《たた》り目」「泣きっ面に蜂」「踏んだり蹴ったり」などというように不運が重なるのは、ネガティブな気持ちや余裕のなさが引き起こしてしまうのでしょう。

実際に「この話し方はうまくいく」「こんな相手には、こう話したほうがいい」と感じることが大事です。最初はうまくいかなくても、繰り返すうちに自然に学習して、自分のものになっていきます。

この本では、場面ごとのパターン例をお伝えしますが、幸運な話し方が日常的になってくると、人間関係がよくなるだけでなく、自分自身の気分がよくなり、〝幸運体質〟になっていきます。

私たちは、感情や思考があるから言葉が生まれると考えがちですが、実際のところ、人は言葉でしかものを考えられず、言葉によって感情が生まれることが圧倒的に多いのです。

いい言葉は、自分も相手も明るく元気にしてくれます。

化学反応を起こすように、いいことが起こりやすくなります。

明るい人には明るいものが集まり、暗い人には暗いものが集まるという法則を覚えておいてください。

話し方を変えると、どんないいことがあるのか？

幸運というものは、祈るものでも待っているものでもなく、自分でつくり出すものです。

幸運な人は、日々のコミュニケーションによって、その種まきをしています。

あなたが「幸運がやってくる話し方」に変えると……、

- 人間関係がよくなって、毎日をいい気分で過ごせる
- 信頼や評価が高まり、まわりに引き立ててもらえる
- さまざまな人の智恵や視点を借りて、アイデアが豊富になる
- 出逢いに恵まれて、世界が広がり、チャンスが増える
- 求める人や情報が引き寄せられて、目的が叶いやすくなる
- 成長や貢献の機会が増えて、人生が充実していると感じられる
- まわりからの愛のある視線や言葉によって自信をもち、魅力が増す

幸運な話し方によって、あなたを応援する〝他力〟が巻き起こり、とんとん拍子に思いが叶っていくようになります。気づいたら、幸運なことが立て続けに起きて、思いがけない素敵な場所にたどり着いた、ということも少なくありません。

まえおきが少々長くなりましたが、この本では、だれでもちょっとしたことで、いい関係になれる話し方のコツをお伝えします。

まずは、幸運な話し方の基本である〝相手ファースト〟の話し方からお伝えしていきましょう。

運がいい人の「話し方」、運が悪い人の「しゃべり方」　目次

第1章　相手に寄り添いながら話すと、幸運がやってくる！

第2章 雑談がうまくなると、幸運がやってくる！

第3章 「ほめる人」になると、幸運がやってくる！

第4章

「聞き上手」になると、幸運がやってくる！

第5章 上手に自己主張すると、幸運がやってくる！

第6章 幸運な人がぜったいにしない話し方

第1章

相手に
寄り添いながら
話すと、
幸運がやってくる!

01

第一声は「ポジティブワード」で始める

「朝から雨で、イヤになりますね」

←

「雨になりましたね。でも、午後には晴れるみたいですよ」

人や幸運が集まってくる人は、話し方に心配りや思いやりが感じられる人です。

ただ自分が言いたいことを言うのではなく、相手の心に寄り添った話し方ができるので、「この人とは通じ合える」「一緒いて心地いい」と思われ、信頼されるのです。

第1章では、そんな相手に寄り添う話し方の習慣をお伝えします。

まず、第一声は「ポジティブワード」から始めること。

口を開けばネガティブなことを言っている人はいませんか？「雨でイヤになる」「金曜日は疲れる」「その服、派手じゃない？」など愚痴や否定ばかりの人に対しては、顔を見ただけで身構えるようになってしまうもの。**最初の言葉はその人の雰囲気、人間関係を決める重要なポイント**なのです。

「雨でイヤになる」ではなく、単に「雨になりましたね」と事実で止め、「道が混んでいませんでした？」「でも、午後には晴れるみたいですよ」など相手を気遣う言葉をつなげると、ポジティブな印象になります。金曜日は「明日はお休みですね」、服を見て「素敵な色ですね」など明るい視点で話すと、笑顔が返ってくるかもしれません。

声かけをするときに「第一声はポジティブワード」を意識していると、会話だけでなく、自分の気持ちも明るくなってきます。明るい言葉から始めるのは、「相手を不快にさせない」というマナーなのです。

02

むずかしい言葉を使わず、わかりやすい言葉で話す

「打ち合わせのエビデンスをとっておいて」

←

「打ち合わせの内容を記録しておいて」

政治家の会見や、ニュースの解説などを聞いていると、カタカナ英語や専門用語、四字熟語などが出てきて、内容がすんなり入ってこないことがあります。

聞き慣れない言葉がひとつでも登場すると、聞く側には負荷がかかるのです。

普段の会話やビジネスシーンでも、カタカナ英語は意外によく聞かれます。

「この点がアドバンテージ」「彼がファシリテーター」「リスケします」「コンセンサスを得た」「最大のＵＳＰは？」など英語が疎《うと》い相手に言うと、「なによ、エラそうに」「ついていけない」と心の距離が生まれることもあるでしょう。

話し方がひとりよがりで、目の前の相手に寄り添おうとしないからです。

反対に、むずかしい内容を、中学生でもわかるような平易な言葉で説明してくれる人は、「頭がいい」「やさしい」「通じ合える」といった印象をもちます。

そんな人たちは**〝伝えること〟**ではなく、**〝伝わること〟を優先**しています。

相手の反応を見ながら、「いまのは、わかりにくかった？」と言い換えたり、たとえを用いたりして、伝わる工夫をする人は、信頼されるでしょう。

大切なのは、共通の言語で話すこと。だれもが知っている言葉を組み合わせて深い話をすることが、ほんとうの知性なのです。

03

少しだけゆっくり丁寧に話す

「ヒマ？　この仕事、できる？」

↓

「この仕事をお願いしたいのですが、30分ほどお時間はありますか？」

早口でフランクに話す人は、活発で頭の回転が速いという印象があり、ゆっくり丁寧に話す人は、穏やかできちんとした印象を受けます。

それぞれに魅力がありますが、**幸運をもたらす関係になるには、少しだけゆっくり丁寧に話したほうがいいでしょう。**

〝ゆっくり丁寧〟は、それだけで安心感があるのです。丁寧な話し方をされると、自分を丁寧に扱ってもらえている印象があり、自然に丁寧な言葉で返します。

年下や初対面の人にタメ口で話されて、もわっと違和感を覚えるのは、礼儀をわきまえずに距離を詰めてくるから。また、早口だと聞きづらいだけでなく、お互いにセカセカした気持ちになって、うっかり失言も出てしまいます。

話すスピードは「ゆっくりすぎ？」と思うくらいがちょうどいいのです。自分は内容をわかっているので早口になりがちですが、相手は聞きながら考え、理解する時間が必要です。

ただし、敬語や説明など丁寧すぎると、よそよそしく感じられます。ホウレンソウ（報告・連絡・相談）やスピーチ、家族や友人など親しい間柄でも、「少しだけゆっくり丁寧」に、「親しみのある表情」で伝えるといいでしょう。

ちゃんと伝わるためにも、穏やかな気持ちでいるためにも、心地いい人間関係をつくるためにも、少しだけゆっくり丁寧に話してみてください。

04

相手の頭のなかを想像して、相手のニーズに応える

「ランチ、どこに行きたい？」

「なんでもいいよ」

↓

「とくにこだわりはないけど、和食か洋食かなら和食かな」

「コレ！というものがないんだけど、なにか候補はある？」

相手に寄り添った話し方とは、自分の頭のなかをそのまま言葉にするのではなく、相手の頭のなかを想像して相手のニーズに合った言葉で伝える、ということです。

そのためには**「それを聞いて、相手はどう思うのか、どうするのか」と一歩先を読むクセをつけることが大事。**

たとえば、「ランチ、どこに行く？」と尋ねられたとします。「あなたのお好きなところで」と気遣ったつもりで「なんでもいいよ」と答えても、相手は「丸投げ？　一緒に考えてよー」「そう言われても選択に困るなー」と感じるかもしれません。

「○○か△△はどう？」と具体的な選択肢をいくつか挙げるか、「和食かな」「駅の近くがいいよね？」など選択肢を狭める答え方をすると、相手も考えやすくなります。

ほんとうになんでもよくて、思いつかないときは、「なにか候補はある？」と聞き返すといいでしょう。「新しいお店を開拓したいと思ったんだけど……」「いいね。ネットで調べてみる？」など会話が続き、「一緒に考えている」という姿勢になります。

会議や打ち合わせでも「なんでもいい」「どっちでもいい」と意見がない人より、一緒に考えようとする人のほうが、一目置かれて大切にされます。

相手に寄り添う話し方は、単なる情報のやり取りではなく、心を配り、心を通い合わせる人間関係の本質なのです。

05

「話したいこと」ではなく、「相手が聞きたいこと」を切り口にして話す

「この電気圧力鍋の性能は業界一と評判で、昨年は前年比150%の売上でした」

↓

「忙しくされている○○さんが調理時間を半分に縮める効果がありますよ」

プレゼンテーションでもホウレンソウでも雑談でも、話がつまらない人は、「自分が話したいこと」を話します。話が面白い人は、「相手が聞きたいこと」を話します。

あなたもありませんか？　こちらはあまり興味がないのに、自分の趣味について熱く語られたり自慢話を長々とされたりして、うんざりしてしまうこと。反対に、興味津々の話や、いまの自分に役立つ話なら「もっと話して！」となります。

「相手が聞きたいこと」の切り口で話せる人は、自慢になりそうな話でも、営業トークでも、延々と話しまくっても嫌な印象にはならないのです。

自分の話が聞き手にとって、どのくらい価値があるのか？を意識することは、とても重要です。自分の提供できる価値が大きいほど、会話の回数が多いほど、当然、リターンも大きくなるわけですから。

年齢や立場、価値観が違っても、「相手がなにに興味があるか」「なにを切り口に話したら喜んでもらえるか」を考えて話すと、かならず喰いついてくるポイントがあります。

たとえば、**初対面の人に自分の仕事について話すときは、相手が知っていることや貢献できること、共通点などを軽く投げながら、相手の反応を見るといいでしょう。**

友人や同僚など近しい人でも、相手の興味や好みをわかっていれば、話のネタに事欠きません。深い会話もできるし、深い関係性もつくれるのです。

06

曖《あい》昧《まい》な表現でなく、具体的に「数字」「固有名詞」で伝える

「ちょっと待っててください」

←

「10分ほどお待ちください」

「ちょっと待ってて」と言われて、「え？　いつまで待てばいいの？」とツッコミたくなることはありませんか。

そう。**「相手に寄り添う話し方」というのは、「それでちゃんと伝わる？」と〝ツッコミを入れる自分〟をもつこと**なのです。

「ちょっと待ってて」と言われて、「1、2分」をイメージする人もいれば、10分をイメージする人もいます。だれが聞いても自分と同じイメージをもってもらうには、具体的な数字、固有名詞で伝えるといいでしょう。

「会議資料、多めにコピーして」↓「会議資料、人数プラス3部、コピーして」

「しばらく休暇をとる予定です」↓「1週間ほど休暇をとる予定です」

「例の件、どうなった？」↓「A社の企画営業の件、どうなった？」

「最寄り駅からそこそこの距離です」↓「品川駅から徒歩15分ほどです」

具体的にわかりやすく話してくれる人は、「話が通じやすい」という印象があり、話がかみ合わない、誤解が生じる、「言った」「言わない」などのトラブルも少ないはずです。

自分の伝えたいことを相手に伝わるように話すために、相手目線で「それで伝わる？」とツッコミを入れることを意識してみてください。

07

社交辞令はいらない。自分の言葉で具体的に話す

「そのうち、ご飯でも行きましょう」

↓

「仕事が落ち着いた来月前半あたり、ご飯でも行きませんか？」

「美味しい和食の店があるので、今度ご一緒しませんか？」

「今度、ご飯行きましょう」「前向きに検討します」など社交辞令っぽい言葉に、「ほんとは行く気ないでしょ」「どうせ検討しないでしょ」と思ったことはありませんか。

社交辞令とは、その場の空気を壊さず、ものごとを円滑に進めるために使う曖昧な言葉。あいさつやほめ言葉、ビジネスシーンなどではよく使われ、一見、相手を気遣っているようですが、じつはお互いのためになってないのです。

なぜなら、社交辞令と思われた時点で、言葉が薄っぺらになりますから。言ったことをそのまま放置していては、期待した人を失望させることになります。**社交辞令では心は通い合わず、会話も関係も発展しないのです。**

社交辞令を言うくらいなら、なにも言わないほうがマシ。その気があるなら、ありきたりな言葉でなく具体的に自分の言葉で話せば、相手の心にも届くはずです。

単に「飲みに行きましょう」ではなく、「いつ」「どこに」「だれと」「どんな機会に」など具体的な情報をひとつでも入れると、自分の言葉になり、実現もしやすくなります。

完全でなくても、できるだけ心と言葉、行動を一致させようとする人は誠実であり、信頼されます。**社交辞令で取りつくろった〝口達者〟より、口下手でも誠実な〝正直者〟が最後にトクをする仕組みになっている**のです。

08

「好き」と言わなくても、顔、体、声の表情で「好き」を伝える

（無表情で、そっぽを向いて低い声で）「それは、よかったですね」

「え？　それって嫌味？」

←

（笑顔で、体ごと向けて弾んだ声で）「それは、よかったですね！」

「ありがとう！　そう言ってもらえるとうれしい！」

相手の印象は、「なにを話しているのか」という話の内容よりも、それを「どんな表情で発しているのか」のほうが大きく左右します。

たとえば、怒った表情で腕組みをして「ちょっといいですか」と話しかけられたら、なにかよくないことではと身構えてしまうでしょう。にこにこしながら「ちょっといいですか」と話しかけられたら、笑顔で「どうしました？」と応えるはずです。

意見を伝えるときやプレゼンテーションをするときに、だらしない姿勢でぼそぼそと言っては説得力がありません。背筋を伸ばしてハッキリとした口調で伝えると、自信があるように感じられ、相手もちゃんと聞こうという態勢になります。

どんな表情で話すかは場面によって違いますが、**幸運な毎日を過ごそうとするなら、まずは三割増しの笑顔を心がけるといいでしょう。**

微笑む気分でないときも、微笑むことで脳内の肯定的な感情が活性化されるといいます。「笑う門には福来《きた》る」というように笑顔は自分も相手もいい気分にして、幸福がめぐってくるパワーがあるのです。

「好き」と言わなくても、笑顔や視線で好意を示すことができます。同僚や家族にも「三割増しの笑顔」「背筋を伸ばして相手に体ごと向ける」「ゆっくり丁寧に話す」の3点を心がけると、ほとんどは好意的な言葉が返ってくるのではないでしょうか。

09

あいさつは、される前に自分から。プラスひと言添えて

あいさつをされてから「あ、おはようございます」

←

自分から「おはようございます！　今日は早いですね」

「社長のためなら、なんでもします」と社員たちに言われるほど愛されている女性社長がいます。彼女に心がけていることを聞くと「自分からあいさつすることかな」とシンプルな答え。「おはよう」「おつかれさまです」「いってきます」「この前はありがとう」など自分から声をかけることで会話も増えて、人間関係も円滑になるのだとか。

一方で「気づかないフリをしておこう」「年下に自分からあいさつをしたくない」など、あいさつを避ける人、言われてから応じる人もいますが、**あいさつを自分からするかどうかで、格段に印象の差がついている**のです。

実際に、気持ちのいいあいさつをされると、ほっとしたり、うれしくなったりするもの。あいさつは、単なる礼儀ではなく、「あなたの存在をちゃんと認めています」というサインであり、仲良くなったり、緊張をほぐしたりする効果もあります。自分から心を開ける人はより多くの喜びを与えて、愛されるのです。

また、**あいさつ上手な人は、さらに「調子はどう？」「いい天気ですね」「あれ？　髪切りました？」などひと言を足して、ちょっとした会話にします。**むずかしく考えなくても、〝小さな気づき〟をそのまま口にするだけで会話は成立するのです。

あいさつは〝慣れ〟であり、自然に自分から声をかけられるようになると、人間関係も良好になります。相手に心を開く一歩は、ぜひ自分から踏み出してください。

10

会話のなかに相手の名前を散りばめる

「どう思いますか？」

↓

「○○さんはどう思いますか？」

「バイトさん、コピーとってもらえる？」

↓

「○○さん、コピーとってもらえますか？」

久しぶりに会った人に、「〇〇さん、こんにちは。どうされていました？」などと声をかけられると、「名前を覚えていてくれたんだ」とうれしくなります。

初対面でも、会話中に名前を呼ぶのと呼ばないのでは、親近感や好感度の差が出るという実験があるとか。夫婦や恋人同士でも「おい」「ねぇ」「あなた」「じぶん」「パパ・ママ」などでも会話は成立しますが、下の名前やあだ名などで呼び合っているカップルは、傍《はた》から見ても仲がいいと感じられるものです。

名前というのは、その人にとっていちばん大切な言葉。**名前を呼ぶことは「あなたを一人の人として認めています」「大切にしています」というメッセージなのです。**

ただし、いきなり「〇〇ちゃーん」と馴れ馴れしい呼び方をしたり、あまりにも呼びすぎたりするのは逆効果。あくまでもさりげなく「〇〇さん、おつかれさまです」「〇〇さんのスマホカバー、かわいいですね」「〇〇さんのおかげです」など、会話のなかに散りばめるといいでしょう。

名前を呼んでいると、不思議と相手を不快にさせたりする言葉が減り、喜ばせる言葉が多くなります。相手を認める気持ちが強くなるからでしょう。「〇〇さんっておしゃれ」「さすが！　〇〇さん」など、ほめ言葉もするりと出てくるのです。

11

いいところを見せるより、弱いところを見せたほうが「吉」

「恋愛はいつも相手から告白してもらうので、自分からってことはないです」

←

「フラれるのが怖くて、なかなか自分からは言い出せないんです」

「自分のいいところを見せたい」という気持ちは、だれでも多かれ少なかれあるもの。「いいところはどんどんアピールしたほうがいい」という人もいるでしょう。

しかし、**ほんとうに幸運な人というのは、「私ってすごいでしょ」といった自慢やマウンティングはしません。**むしろ、「ダメなところもあります」と弱みを見せるから愛され、相手から自発的に「すごいところもあるじゃない！」と認めてもらえるのです。

「認めてアピール」が強かったり、自分を大きく見せようとしたりする人に対して、多くの人は「すごいですね」と言いつつ、気持ちは引き気味になってしまうでしょう。

人は、好意的に思えない人を、素直に認めたくないものです。

幸運を引き寄せる人は、自分をよく見せることよりも、相手と仲良くなることを優先させます。「この人といると楽しい・落ち着く」と思ってもらったほうが、引き付ける力は強いのです。弱点を見せられるのは、心の奥に自信があるからかもしれません。

できないことを「できない」、知らないことを「知らない」と言える人は愛されます。まわりの人に心を開いていて、相手ができないことも許してくれるような印象があります。

といっても「ダメなんです」ばかりをアピールされるのも面倒なもの。弱いところもちらりと見せながら、自然体で話すといいのではないでしょうか。

12

積極的な「イエス」が相手をパッと明るくする

「この仕事、お願いできますか？」
「うーん。いいですけど……」

←

「もちろんです！」

かつて私は「この仕事、できる？」と訊かれたとき、「もちろんです」と応えることにしていました。それが、私に幸運を導いてくれたのだと思うのです。

技術的にむずかしいときも、時間がないときも、面倒でやりたくないときも「もちろん！」と積極的な言葉で応えると、できるような気がして前向きになり、実際なんとかできてしまう。すると、さらに「この仕事、できる？」と大きなチャンスがやってくる……。そんなことを繰り返しているうちに少しずつ成長できて、**いつの間にか求める仕事や人が向こうからやってくるようになった**のです。

ほんとうに嫌なこと、できないことは断りますが、どの道やることになるなら、「もちろん！」「喜んで」「お安い御用です」など積極的な言葉のほうがお互いに気持ちがいいもの。相手の顔がパッと明るくなり、「よかった～」と喜んでくれます。

「いいですけど……」「忙しいんですけどね」などと含みのある言い方をして嫌々感を出していると、だんだん声をかけられなくなるでしょう。

前向きな姿勢が身についてくると、まわりにも前向きな空気が生まれて相乗効果は大きくなります。**頼まれたり、誘われたりしたとき、「もちろん」「喜んで」と即答できる人は幸運に恵まれる**のです。

13

「否定語」ではなく、「肯定語」で話す

「そんなやり方では、うまくいかない」

←

「やり方を少し変えれば、うまくいくよ」

「お客様からクレームが出ないようにします」

←

「お客様に満足してもらえるようにします」

幸運な人というのは、普段の会話のなかで意識して「否定語」ではなく、「肯定語」を使っています。

たとえば、食事に誘われたとき、「今週は時間がないからムリ」と言われると、後ろ向きの印象があり、相手は拒絶されたように感じるもの。「来週なら行けますよ」と言われたほうが、すんなり受け入れられるでしょう。

「ミスしないようにして」と言われるより「最後にしっかりチェックして」と言われたほうがお互いに気持ちがよく、会話も明るくスムーズになるはずです。

それに「ミスしない」と口にした時点で「ミスすること」をイメージしてしまうもの。「こぼさないように運んで」と言われた人は、「しっかり持って運んで」と言われた人より、こぼす確率が高いといいますが、ネガティブな方向に引きずられるのです。

自分に向けた言葉でも「遅刻しないようにしよう→5分前に着くようにしよう」、「食べ過ぎない→腹八分目にしよう」など〝しないこと〟ではなく〝すること〟を口にすることで、具体的な行動が思い浮かび、実現に近づくはずです。

なにか問題があるときに「否定語→肯定語」にするだけで、その瞬間から自分で自分を幸せにする一歩を踏み出していることになります。「不幸にならないこと」ではなく、「幸せになること」をどんどん言葉にしていこうではありませんか。

14

苦手な人にこそ〝ホウレンソウ（報告・連絡・相談）〟を欠かさない

（苦手な上司に）

「あとでまとめて報告します」

←

「まだ半分ですが、こんな感じで進めてもいいですか？」

だれだって苦手な人とは話したくない、心地いい人と話したいと思うものです。

しかし、それがあからさまに出て「好きな人にだけいい顔をする」「人によって態度が違う」などと思われたら損。苦手な人とコミュニケーションがうまくとれないことで、誤解されたり、トラブルになったりすることもあるでしょう。

絶対にやっていけないのは、避けたいばかりに、あいさつもしない、業務連絡もしないこと。相手も無視されたようで嫌な気持ちになり、「頼んだ仕事、どうなっているんだ」とイライラすることも増えるはずです。

人によって話し方が違うことはあっても、**大切なのは、だれにでも〝丁寧〟に接すること**です。

とくに苦手な人にこそ、〝ホウレンソウ（報告・連絡・相談）〟は欠かさないこと。それだけでマメに会話ができて、コミュニケーション不足は防げます。

相手の気持ちを察して「いまのところ順調です」「これで大丈夫ですか」「結果をご報告します」などと話していれば、安心感のある人として見られ、仕事がやりやすくなります。やりたい仕事を任されたり、会議で味方になってもらえるかもしれません。

苦手な人とは仲良くしなくても、嫌われないことが大事。話すうちに苦手意識がなくなったり、理解できたりすることもあるので、ぜひ会話を避けないでください。

15

相手の表情を読みながら、話し方を変える

（相手の表情を見て）
「話についてきてます？」
←
「いまの、わかりにくかったですね。たとえば（具体的に言うと）……」

優れた講演者は、参加者の表情を見ながら話し方を変えています。聞き手のなかに目があちこちを泳いでいたり、体が揺れたり、あくびをしたりと退屈そうな人が出てくると、内容を変えたり、雑談や冗談を交えたり、だれかに質問したりします。

一対一の会話も同じ。**「相手は関心がある？」「理解している？」と相手の表情を確認しながら、話し方を柔軟に変える必要がある**のです。

「相手の表情」というのは、顔の表情やうなずき、姿勢などで感じることができますが、**いちばんわかりやすいのは「目」**。

「目は口ほどにものを言う」というように「輝いた目→好き・興味がある」「力のない目→つまらない」「おどおどした目→緊張している」「にらんだ目→嫌い・怒っている」など気持ちを代弁しています。

きょとんとした目をしているときは、「理解不能」というメッセージ。相手の表情を無視してだらだら話し続けていたり、「ちゃんと聞いてよ」と相手を自分に合わせようとしたりしては、会話の溝はさらに深まっていくでしょう。

相手の表情を読みとって「わかりにくかった？」と表現を換えたり、たとえ話や具体的な例をあげたりして〝伝わる〟話し方をしてくれる人は、話していて心地いいもの。それは、相手に寄り添おうとする思いやりがあるからです。

第2章

雑談がうまくなると、幸運がやってくる！

01

面白い話をしようとしない。とにかく会話のラリーを続けよう

【雑談の目的】〝人間関係の畑〟を耕すため

【会話のラリーを続けるための3つのポイント】

1 あいさつや返事に「ひと言」加える

2 「あなたは？」を意識する

3 〝キーワード〟から連想ゲーム

「雑談」というと、「面白い話をして盛り上げなければ」「気の利いたことを言って、賢い人だと思われなければ」と、むずかしく考えていませんか。

しかし、**雑談は〝質〟より〝量〟や〝回数〟のほうが重要**です。

面白い話、意味のある話をしようとする必要はありません。ただ会話のラリーを続けて〝量〟をこなしているうちに、自然に〝質〟も高くなっていくのです。

仕事でも、雑談がまったくない会社や人間関係は、事務的でパサパサと乾いた印象があります。助け合うことが少なく、足を引っ張られることもあるかもしれません。

対して「最近、調子はどうですか?」「素敵なスカーフですね」など〝なんでもない会話〟を交わしている関係は、認め合ったり助け合ったりすることが多いもの。

雑談は、雑談することそのものが目的であり、〝人間関係の畑〟を耕すためなのです。

幸運の多くは、まわりの人たちからもたらされます。日ごろ畑を耕していたら、ひょっこり「いい実がなった」「きれいな花が咲いた」となるわけです。

そんな会話のラリーをするには、「あいさつや返事にひと言加える」「『あなたは?』を意識する」「〝キーワード〟から連想ゲーム」という3つを心がけるといいでしょう。

まずは、その3つについて詳しくお伝えしましょう。

02

あいさつや返事に「ひと言」足すだけで雑談になる

「今日は暑くなりそうですね」「そうですね……」

↓

「そうですね。30度を超えるらしいですよ。どうぞお気をつけて！」

（新しい情報、気遣いをプラス）

「昨日は日帰り出張だったらしいですね」「はい……」

↓

「はい。行く途中、紅葉も楽しんできました」

（自分の状況、気持ちをプラス）

「会話がなかなか続かない」という人は、**あいさつや返事に「ひと言ふた言」足すことから始めるといい**でしょう。

たとえば、エレベーターで一緒になった人に「忙しいんじゃないですか？」と話しかけられたとき、「まあまあ忙しいです」と応えるだけは、会話は途切れてしまいます。

「たまには早く帰りたいんですけど、今週が山なんです」とひと言加えると、「じゃあ、このお菓子でも食べてがんばって」と気遣いの言葉が返ってくるかもしれません。

「おつかれさまでした」という帰りのあいさつに、「今日の会議の司会、よかったですよ」（ほめ）、「資料、ありがとうございました」（感謝）、「ランチまたご一緒しましょうね」（誘い）など、なんでもいいのです。そこからちょっとした会話になるでしょう。

いい人間関係は、小さな会話の積み重ね。こんな雑談が頻繁にできるようになると、風通しのいい関係になって理解が深まり、助け合える機会も増えてきます。

前日に意見がぶつかって気まずい空気があっても、儀礼的な「おはようございます」だけで終わらず、「今日は早いですね」「昼から雨になるそうですよ」などひと言あれば、わだかまりが消えます。ひと言あるのとないのとでは、大きな違いです。

プラスひと言は、「あなたと仲良くしたい」というメッセージでもあるのです。

03

「あなたは？」を意識して、バランスよく自己開示する

「私は大阪出身で、大学から東京に出てきました。2回転職して～」

↓

「私は大阪出身なんですけど、〇〇さんはどちらのご出身ですか？」

「情報を共有するだけの会議なら、なくてもいいと思うんです。そもそも会議は～」

↓

「情報を共有するだけの会議なら、なくてもいいと思うんですけど、〇〇さんはどう思います？」

「なにか話さなくては」と自分のことばかりをペラペラと話すのも、「相手から聞き出さなくては」と矢継ぎ早に質問するのも、一方的な会話になってしまいます。

「あなたは？」を意識して、自分の話をしたら、すぐに相手にも同じテーマで問いかけると、話し手と聞き手がバランスよく交代する雑談になります。

初対面では、出身、年齢、家族構成、仕事、趣味などを聞いてみたくなるもの。「私は〜ですが、あなたは？」という聞き方であれば、自分のことを教えてくれた相手に対して心を許し、自分のことも話してみようと思うものです。これを「自己開示の返報性」といい、少しずつ相手を知り、理解することで人間関係は深くなります。

自分の意見を言いたいときも、「○○さんはどう思います？」と挟むことで、一方的でなく、会話に広がりが出ます。同じ価値観を共有したり、違う価値観を確認したり、「なるほど、そんな考えもあるな」と学ぶこともあるでしょう。

「会話は話すことより聞くことが大事」と言われますが、聞くだけではつまらない。**いい人間関係をつくっている人は、自分のこともちゃんと話しています。**自分の情報や気持ちを伝えて理解してもらうことで、幸運が生まれやすくなります。

ぜひ「私は〜ですけど、あなたは？」を意識して話してみてください。

04

「○○といえば～」キーワードから連想ゲームで会話を広げる

「両親と鴨川温泉に行ってきました」

「両親も喜ばれたでしょう。そういえば、もうすぐ母の日ですね」

（キーワード：両親）

「鴨川は、海がきれいですよね。海の幸も美味しいし」（キーワード：熱海）

「温泉は私も大好きです。体も心も癒《いや》されますよね」（キーワード：温泉）

雑談は〝連想ゲーム〟と同じ仕組みで組み立てられます。**〝キーワード〟から、思い浮かんだことを「○○といえば△△」というように言葉をつなぐだけで、楽しい雑談になるのです。**

「両親と鴨川温泉に行ってきました」という話が聞けたら、「両親」「鴨川」「温泉」のキーワードから、3方向に展開できるでしょう。そこから、もっと詳しく聞いたり、自分の得意なジャンルにつなげたりすることもできます。

たとえば「温泉」の方向であれば、「露天風呂」「秘湯」「湯治」「リラックス」「すべすべ肌」「温泉まんじゅう」「ビール」「コーヒー牛乳」「浴衣」などが連想されます。

「私は露天風呂が好きです」「湯治に行ったことがあります」「温泉のあとってコーヒー牛乳が飲みたくなりませんか?」というように会話のなかに入れていくだけ。相手が楽しそうなら話題をどんどん展開したり、興味がなさそうならその話題は流したりしていけば、相手も自分のフィールドで話しているという満足感があるでしょう。

「相手の話を聞かねば」「いい話をしなければ」と型にはめた雑談より、「そういえば〜」とするりと出てきた言葉で自由につくり出していく雑談がいちばん楽しいのです。

むずかしく考えず、ゲーム感覚で雑談を楽しみましょう。

05

ネタは不要。「相手の話したいこと」から「自分の聞きたいこと」を探す

【雑談を楽しむ話題3ステップ】

1 まずは、あたりさわりのない話題を振ってウォーミングアップ
（天気、季節、身近な話題、相手への気づき・ほめなど）

2 つぎに、話しやすい話題で軽くジャブ。相手のことを知ろう
（仕事、趣味、名前、出身、食べ物、お酒、旅行、健康など）

3 「相手の話したい話題」から「自分の聞きたいポイント」を見つけて深堀り（共通点、興味があること、教えてほしいことなど）

雑談でいちばん困るのが「なにを話していいかわからない」ということ。

雑談というと「相手を喜ばせるネタを提供しなければ」と考えがちですが、ネタは必要ありません。「あの人と話すと楽しい」と思ってもらえる雑談は、自分自身も相手もたくさん話をして、気持ちよくなることなのです。

そのためには**「相手が話したいこと」のなかから「自分が聞きたいポイント」を見つけることが大事。**「どんな話でもちゃんと聞こう」と思っても、まったく興味がない話は、自然に表情に出てしまうもの。「お互いに楽しくなる雑談」を目指しましょう。

初対面でも、親しい友人でも、雑談でいちばん大事なのは、相手に関心をもつこと。どんな人にも興味深い点はあるもの。宝探しをしている感覚で話すといいでしょう。

まずは「最近、ハマっていることは？」「休みの日はなにをしています？」など話しやすい話題を振ってみます。相手が興味を示さない話題は流して、ノッてくる話題を見つけましょう。

「ソロキャンプが好きなんです」と聞けたら、「私も興味があります」「ソロのよさは？」など共感や質問で深掘りしていきましょう。

話が弾んだら、いい関係になり、いいことも起こりやすくなります。**幸運は雑談からひょっこり舞い込んでくる**のです。

06

「YES・NO」「2択」の質問で軽く口慣らし。「5W1H」の質問で深堀り

「いつもお元気そうですが、運動とかされていますか？」（YES・NO）

「はい。ランニングを少し……」

「ランニングは健康にいいですよね。始めたのはいつから？」（When）

「どこでやっているんですか？」（Where）

「だれかと一緒に？」（Who）

「面白いところは？」（What）

「始めたきっかけは？」（Why）

「どんな効果がありますか？」（How）

口下手な人、初対面の人とは「なかなか会話が弾まない」となりがちですが、質問の仕方をわかっておくと、自然に相手に話してもらえるようになります。

いい質問とは、まずは相手が答えを投げ返しやすいボールを投げること。いきなり「食べ物はなにが好き？」と質問されて、考えこんでしまうこともあるでしょう。「和食と洋食、どちらが好き？」と二択にしたほうが答えやすいはずです。

また、「健康のためになにかされていますか？」と質問されると、食事や睡眠など、広すぎて答えにくいもの。範囲を狭めて「運動とかされていますか？」と「ＹＥＳ・ＮＯ」で答えられる質問にすると、「はい。ランニングを……。じつはフルマラソンを走ったこともあるんです」と勝手に話してくれる可能性も高いです。

口元がほぐれたところで、「いつからやっているんですか？」など「５Ｗ１Ｈ」の質問で深掘りするといいでしょう。「５年ほど前からです」「それだけ続くということは楽しいのでしょうね。どんな魅力がありますか？」というように話が続いていきます。

矢継ぎ早にあれこれ質問をするのではなく、ひとつの質問から広げていきましょう。

名司会者や優れたインタビュアーは、「シンプルな質問→深掘りの質問」で話を展開しています。やってみると、意外にすんなり質問が出てくることに気づくはずです。

07

「一緒ですねー」が、初対面の人とも距離を縮める

（初対面の相手に）

「リネンのワンピース、素敵ですね。私も自然素材が好きなんです」

「〇〇さんは福岡出身とお聞きしましたが、私も同じく九州で、熊本なんです」

私が行うセミナーのグループワークでいちばん盛り上がるのが、〝共通点探しゲーム〟。「となりの人（初対面）と二人組になって、5分間でレアな共通点を見つけましょう」というもので、楽しい共通点が出てくるのです。「最寄りの駅が同じで、同じパン屋さんで、同じ食パンを買っていた」「猫を二匹飼っていて、しかも一匹の名前が同じ」などレアな共通点を見つけた組はテンションが上がって意気投合し、連絡先を交換するほど。

とくに女性同士は「共通点・共感・共有」でつながるといいます。共通点があると、親近感がわいて仲良くなることは、だれしも経験があるでしょう。

仕事、出身、家族、血液型、趣味、好きなものなど共通点はさまざまですが、**共通点探しのヒケツは「幅を広げて探すこと」**。レアな共通点でなくてもいいのです。「似てますね」「近いですね」でもＯＫ。大切なのは、相手に近づこうとする気持ちです。

たとえば、なにかの会に参加した初対面同士でも、相手を一見するだけで「女性がもう一人いてよかった」「同世代ですよね」「同じ飲み物？」などいくらでも出てきます。

「一緒ですねー」でお互いの心のハードルを下げてから雑談をすると、打ち解けて話が弾む可能性大。年の離れた人、仕事や立場が違う人とも共通点で一気に距離が縮むことがあるので「なにかしら共通点があるはず」とアンテナを張ってみてください。

08

「あー、わかる〜！」価値観の一致には激しく同意

「家族がいても、一人の時間は絶対必要ですね」

「あー、わかります。一人時間はどんなことをしますか？」（詳しく聞く）

「わかります。私も仕事前にカフェで一人ミーティングしています」

（自分のエピソードを話す）

「わかります。一人時間がないと、だんだんイライラしてきませんか？」

（共感質問でさらに共感し合う）

〝共通点〟があると親近感がわき、仲良くなれることを「類似性の法則」といいますが、「価値観の一致」も立派な共通点であり、法則が発動します。

価値観とは、「どんなことに価値を見出すのか」といったものごとの考え方。「お金より時間が大事」「○○にはお金をかけたい」「友人は少なくてもいい」「家は賃貸派」「自然が好き」「古いものが好き」など相手の口からポロッと価値観が出てきたとき、自分も同じ考えなら「あー、わかる！　私もそうなんです」と喰いついてみましょう。

　相手の話をさらに深く聞いたり、自分のエピソードを話したり、「こんなことってありませんか？」と共感したりして、雑談が盛り上がることはまちがいありません。

　どんな人でも、なにかしら一致する価値観はあるものです。が、「価値観が違う」という相手でも案ずることはありません。

「そんな考えをもっている」と知っていれば、違う部分は話題を避けたり、相手の価値観を認めたりすることもできるでしょう。

　とくに上司やお客、親戚など嫌でも付き合う相手は、価値観やこだわりをわかっていたほうが、うまく付き合えます。

雑談とは、相手の価値観を知り、付き合い方を知るプロセスでもあるのです。

09

見えるもの、聞こえてくるものなど、五感で感じることを話題にする

「このレストランのインテリア、おしゃれですね」（視覚）
「流れているこの曲、好きなんです」（聴覚）
「いい香りが漂ってきませんか？」（臭覚）
「このカレー、あとで辛さがきますね」（味覚）
「いすのクッションがやわらかくて、座り心地がいいですね」（触覚）

上司や同僚と営業先に行ったり、外食したりするとき、「話が続かない」という人も多いようです。

そんなときは、頭のなかの情報を頼りにするのではなく、**「いま、感じていること」をそのまま口にしてみてください。**

いちばん手っ取り早いのは、目に入ってくるもの。

食事に行く見慣れた道中でも、よく観察すると、「緑がきれいですね」「こんなお店、ありましたっけ」「電灯のデザイン、面白くありません？」など話題は無限に出てきます。相手も一緒に見ているので、いちいち説明する必要もなく、「ほんとだねー。知らなかった」など、すぐに反応してくれるでしょう。

レストランでは、家具やインテリアを見てコメントしたり、従業員の制服やメニューにツッコミを入れたりしてもいいでしょう。「静かでいいですね」「アロマの香り？」「いい出汁《だし》が出てますね」「熱々です」など五感で感じたことはすべて話題になります。

それだけでなく、人は身体の共有体験をすることで、心理的距離が縮まって信頼が生まれたり、記憶に残ったりするといいます。合宿で仲間意識が生まれたり、懐かしい曲を聴いて昔の恋人を思い出したりするのは、共有体験があるからでしょう。

五感を共有する雑談で仲良くなれることは、間違いありません。

10

「それ、教えて！」だけで急接近できる

（年上の人に）

「〇〇さんは歴史小説がお好きとうかがいました。おすすめの作家がいたら、教えてください」


（年下の人に）

「スマホの写真、きれいに加工してるね。どんなアプリ使ってるの？」

「共通点もなく、価値観も違いすぎて話が合わない」というときは、嘆くのではなく、違うことを喜びましょう。

似たタイプの人とだけ話しても、人としての幅は広がりません。

成長させてくれるのは、自分と違う情報や価値観をもっている人たちなのです。

好奇心が旺盛で、まわりを味方にして知識や知恵を得ていく人は、きまって「それ、なに？」「それ、教えて！」とよく口にしています。

「教えてもらう会話」を心がければ、目上の人との会話も怖がることはありません。

適当に話を合わせるのではなく、「私は知らないので、教えてもらえますか？」と懐《ふところ》に入っていくことで、相手の自尊心も満たされ、「素直な人」と思ってもらえます。とくに自分の得意なこと、好きなことを人に教えるのは、うれしいものです。

年下に対しても「後輩に教えてもらうなんて……」とつまらないプライドは捨ててしまいましょう。幸運な人は、幼い子どもからでも教えてもらうことを探します。

若い人には「このユーチューバーって有名なの？」「今年のファッションの流行は？」「飛行機のチケットはどのサイトでとる？」など、いろいろ聞いてみるといいでしょう。年上から頼ってもらえるのは、うれしいはずですから。

11

「沈黙が怖い」に陥《おちい》らないための幸せな考え方

【沈黙が流れたときの3つの対処法】

1 「こういうこともある」「黙ったままでもいい」とそのまま放置

2 「ひとつ聞いてもいいですか」と相手に興味をもって質問

3 「最近、〇〇にハマっていて」と自分の身近なことを話す

「沈黙が怖い」という人は多いようですが、しょせん、雑談。「会話しなければならない」というルールはないのですから、なにも話さなくてもいいし、なにか話してもいいのです。むしろ、黙っていたほうが、お互いに心地いい場合もあります。

沈黙を恐れる根底にあるのは「つまらない人と思われたくない」「嫌われたくない」という防衛本能です。そこで「なにか話さなきゃ」と焦ると、つい余計なことを言って自己嫌悪に陥ることに。

よくないのは、話が続かない自分を責めたり、落ち込んだりすること。沈黙は自分だけの責任ではありません。「こういうこともある」と放置すればいいでしょう。

ただ、レストランで料理が運ばれてくる前、二人きりでコーヒーを飲んでいるときなど**「気まずいな」と感じたら、話題を探すことより、まずは相手に興味をもってみてください。**「新しい仕事は慣れました？」「素敵な柄の服ですね」など相手への気づきやほめ言葉を口にしたり、「少し聞いてもいいですか」と質問したりするのです。

また自分のことを話すなら、社会・芸能・スポーツなどの話題より、「○○にハマっていて」「先日、こんなことがあって」と身近な話のほうが気持ちを乗せやすいはず。ともかく**なにも話さなくてもいいし、なんでも話していいので気楽にいきましょう。**

12

「いい・悪い」より、「好き・嫌い」の雑談は気楽に盛り上がる

「ポテトチップスは栄養がないうえに、カロリーが高いからよくないですよね」

↓

「たまにポテトチップスが食べたくなることがあります。とくに海苔塩味が好きで……」

雑談というのは、基本的に楽しかったり、心地よかったりするためのもの。つまり、幸せであるためのものです。

しかしながら、雑談のなかで「これはいい」「それはダメでしょ」と意見を言ったり、「〜したほうがいい」とアドバイスしたりする人がいるもの。無意識に「いい・悪い」と判断したり、正解を出そうとしているのかもしれません。

「なにが正しいか」ではなく、「なにが好きか」で話したほうが、雑談は楽しいのです。

人は好きなことなら、いくらでもしゃべれるもの。優劣も正解もないので、だれも傷つかず、互いの価値観や性格も出てきやすいでしょう。

初対面でも「ラーメンはなに味が好き？」といった食べ物の好みの話は気楽にできます。女性同士なら「男性の好みのタイプは？」、同級生なら「昔、好きだったアイドルやアニメ」などで盛り上がる確率が高いでしょう。ほかにも「行ってみたい国」「一日のなかでいちばん幸せな時間」「何度も観たい映画」など**他愛のない話をするのは楽しいだけでなく、相手を知り、いい関係をつくることにもなります。**

もし、相手が「それはよくない」などと正しさを論じる人なら、「そうですね〜。参考になります」などと聞き流して話題を変えるか、さっさと退散しましょう。

13

「もしかして」は、どっちに転んでも楽しい会話になる

「○○さん、ご兄弟は？」

↓

「○○さんって、もしかしたら長女ですか？　しっかりしてるように見えるから」

コンサートでたまたまとなりに座ったご婦人から「もしかしたら、どこかでお会いしました？」と話しかけられたことがありました。「会ったことはないと思いますけど……」「あら、ごめんなさい。なぜか親しみを感じちゃって」「うれしいですね。私は近くに引っ越してきたばかりで……」「まぁ、私も一年前に移住したんです」と意気投合。数日後、お宅に遊びに行って、すっかり仲良くなったのでした。

「もしかしたら、関西の方ですか？」「もしかしてファッション関係のお仕事？」など「もしかしたら」「もしかして」は初対面で使うと、「そうなんです！　よくわかりましたね～」「いえ、違いますけど、どうしてそう思いました？」と盛り上がります。

「もしかしたら」の質問は「あなたに興味があります」というメッセージなのです。

ざっくばらんに話せる相手なら、「兄弟は？」と質問するところを「長女？」と勝手な想像で聞くのも楽しいもの。お酒が苦手な相手なら、「もしかして甘党？」、「もしかして体育会系？」、「もしかして痩《や》せた？」、「もしかして結婚してます？」などハズレを覚悟で聞いてみるもよし。「自分についてどう思われているか」は、だれでも関心があるのです。

ただし、**「どうしてそう思ったか」という根拠をもっておくこと。ネガティブな「もしかして」は避けること。**やりすぎると見透かされているように感じるので注意して。

14

「じつは……」と言われると、なぜかトクした気分になる

「内向的だと見られるし、実際、どちらかというと内向的ですね」

↓

「内向的に見られますが、じつは体育会系で、高校時代はソフトボール部のキャプテンをしていました」

「プレゼンはスムーズに終わりました」

↓

「じつは、プレゼンの最初、すごく緊張していたんですが、無事に終わってよかったです」

話し相手から「じつはね……」と言われると、「なになに？」と、いくらかテンションがあがるもの。そのあとに、自分の知らないことを聞けると思うからです。サービス精神旺盛な人で「じつは……」と口グセのように言う人がいますが、無意識にその言葉が相手を喜ばせるとわかっているからでしょう。

「じつは」といっても、特別なこと、ナイショの話でなくてもいいのです。「じつは、飽きっぽいです」「じつは、虫が苦手で」「じつは、こんなことがありましてね」「じつは、以前はこう思っていました」など、なんでもないことでも「じつは」を頭につけるだけで、相手にとっては、特別のことのような気がして、新鮮に受けとめられます。

意外性や隠れている部分、弱点、本音などが見えると、なぜかトクした気分。「へー、そうなんだ」とちょっとした驚きは、相手への興味になります。

といっても、話を盛ったり、プライベートなことを無理に話したりする必要はありません。できるだけ素《す》の自分で接すれば「じつは……」は意外に多くあります。

「じつは……」を意識して使っていると、相手が聞く耳をもつだけでなく、自分が心を開いた分だけ、相手も心を開いてくれることを実感します。

相手のことを聞きたいなら、あれこれ質問するより、自分から「じつはね」と話すほうが効果的なのです。

15

「比《ひ》喩《ゆ》」「たとえ」「オノマトペ」でイメージしやすく伝える

【比喩】（まるで〜のような）「助けてもらって、ほっとしました」
↓「助けてもらったときは、〇〇さんを神のように感じました」

【たとえ】（具体的な例をあげると〜）「彼女は穏やかな人でした」↓「彼女は穏やかな人で、攻撃されても、言い返したことはありませんでした」

【オノマトペ】（擬音語で言うと〜）「急いで仕事を終わらせてきました」
↓「パパッと仕事を終わらせて、ササッと退社してきました」

相手がイメージしやすい言葉を使って話したほうが、雑談は楽しく、わかりやすく、説得力のあるものになります。

イメージしやすい工夫として、おもに「比喩」「たとえ」「オノマトペ」の3つを意識してみるといいでしょう。

まずは「比喩」。似ているものに置き換えて話すことです。「震度4ぐらいの衝撃」「滝のような汗」「女優のように華のある美人」など「まるで〜のような」を使うだけでイメージが浮かんで、ユーモアのある表現になります。

「たとえ」は漠然としたことを具体的に伝えるもの。「カレーが好きすぎて週4で食べていた」「自由な人には憧れます。○○さんみたいな」「ここまでこられたのは運がよかったから。たとえばこんなことがあって」などたとえを補足することで説得力も出てくるはずです。

「オノマトペ」は状況を伝える擬音語。「ワクワク」「ふんわり」「ドロドロ」「ガンガン」など情景が浮かびやすくなります。「見ていた」も「じっと見ていた」「ちらちら見ていた」「ぼんやり見ていた」など擬音語を入れると臨場感が出てきます。

話し方にイメージしやすい工夫を凝らすと、「一生懸命伝えようとしてくれる」と相手は好意をもちます。そんな積極的な姿勢こそが雑談を楽しくしてくれるのです。

16

まずは前回会ったときの話題を振ってみる

「お久しぶり……ですよね？」

↓

「約一年ぶりですね。娘さんはお元気ですか？　もう小学生ですよね」

一度会ってあれこれ雑談しても、しばらく会っていないと距離ができてしまうもの。会ったことも、話の内容もおぼろげで気まずく、前回のことがなかったように振舞ってしまうかもしれません。

しかし、それではもったいない。せっかく相手と話す機会があったのですから、そのことに触れない手はありません。

幸運を引き寄せる人は、一度の出逢いやチャンスを大切にするのです。

「山登りをされていましたよね。最近、どこか登られました？」

「〇〇さんがすすめてくれた小説、すぐに読んでみました」

「ご実家は鎌倉でしたよね。あのあと、行く機会があったのですが、いいところですね」

というように前回の雑談から発展させると、相手は「ちゃんと覚えていてくれたんだ」とうれしくなるでしょう。

相手が「そんな話、した？」と覚えていなくてもいいのです。自分に関心をもってくれている人を、嫌いになるわけはありませんから。

とくに**前回、盛り上がった話というのは、何度話しても盛り上がるもの。**ほかにも「好きなもの」「家族やペットの名前」「会った日」などスマホのアドレス帳などにメモしておくと、次回会ったときの強力なサポートになるので、ぜひお試しを。

第3章

「ほめる人」になると、幸運がやってくる！

01

幸運な人は「ほめ」の本質を知っているから、積極的にほめる

「社長が彼女をほめてたけど、要領がいいだけじゃないの」

←

「社長がほめるだけあって、彼女は仕事は速いし、がんばってるよね」

ほめられるとうれしいことはだれもが理解しているはずなのに、「嫌いな人はほめたくない」「相手をもち上げているようでイヤ」「あたりまえのことをわざわざ口にしなくてもいい」などといってほめられない人がいるものです。

そんな人たちは、「ほめ」の本質をわかっていないのかもしれません。ほめるのは、相手の機嫌をよくしたり、見返りがあったりするからだけではないのです。

ほめることは、すなわち「肯定すること」です。肯定する〝魔法の言葉〟は、発しただけで自分の気分をよくしてくれます。**いい言葉を相手に贈ることで、少しだけ相手も幸せになり、幸せな空気をつくり、幸せなことも起こりやすくなるでしょう。**

対して否定する〝呪いの言葉〟を口にしたとたん、自分自身がよどんだ気持ちになるもの。その証拠に、批判や愚痴を言っているときの顔は苦しそうにゆがんでいるはず。

「この人、いいところがあるよね」。そう思うだけで、表情がやさしくなります。**口に出してほめることを心がけていると、自分もうれしくなり、ほめることに誇りをもてるようになります。**素敵な人たちに囲まれて自分は恵まれていると思えてくるでしょう。

そんな肯定的な思考と感情こそが〝幸運体質〟なのです。今日、いまから「ダメ出し」ではなく「ほめ出し」のクセを身につけていきませんか。

02

むずかしく考えず、「いいな」と思ったら、すかさずほめる

「髪切りました？」
←
「髪切りました？　すごく似合ってますよ」

「あ、片付けたんですね」
←
「片付けてくれてありがとうございます。いつも気が利きますすね」

相手を「ほめよう」と思っても、「どうほめていいかわからない」「ほめるところがない」という人は少なくありません。

むずかしいことはありません。小さなことでも「あ、いいな」と思ったら、そのまま言葉にすればいいだけです。「素敵なバッグ！」「気持ちのいいあいさつですね」「仕事が速いなぁ」「字がきれいですよね」など、なんでもでいいのです。

すかさずその場でほめるのがポイント。改まってほめようとしたり、気の利いた言葉でほめようとしたりすると、ぎこちないほめ方になってしまいます。

相手の変化に気づいたとき、なにかしてもらったとき、相手が行動したときなどはほめるチャンス。「素敵です」「さすが！」「すごいなぁ」など簡単な言葉でも、なにもないよりずっとうれしいのです。ほめられた人は、「そんなことないわよ」なんて言いつつも、「見ていてくれたんだ」と心はあたたかくなっているはずです。

小さなことでもほめていると、もっとほめたくなってきます。ほめられるとうれしいものですが、じつは、**ほめたほうがずっと気分がいいもの。「受け取る」より「与える」ほうがより大きな幸せを感じられるから**です。

だれもがいつもほめられたがっています。ほめる人になって、どんどん幸せを振りまいていこうではありませんか。

03

幸運な人は、相手の短所も長所に変えてほめる

「○○さんは、自分からは話さないですよね」

↓「○○さんは聞き上手ですよね。話をちゃんと聞いてくれるので、普段は言わないことまで話してしまいます」

「小さいことを気にしすぎじゃない？」

↓「察知力が高いから、気づくことが多い。気が利くはずだね」

フリーライターをしていたころ、「飽きっぽい性格で、ひとつのことを深める前に、別なことに興味が移ってしまうんですよね」とある先輩に嘆いたことがありました。

「だから、いいんじゃない！　それは強み。いろいろなものを見て俯瞰《ふかん》する視点ができているはずよ」と言われて、目から鱗《うろこ》。自信がわいてきたと同時に、その先輩は「自分の強みを見つけてくれた人」として特別な存在になったのです。

幸運な人は、相手の短所も長所に変えてほめます。「頑固→信念がある」「協調性がない→自分をもっている」「人見知り→時間をかけて深い関係を築く」というように、短所も裏からみると長所。いえ、そもそも、その人のもつ性質は「いい・悪い」とジャッジ（評価）することはできないのです。

ものごとを肯定的に見る目をもつと、まちがいなく幸せになれます。「いいところ探し」は「幸せ探し」なのです。苦手な相手でも、ひとつはいいところがあるもの。それを見つけるだけでなく口に出すと、さらに苦手意識も和らぎます。

だれもが認める長所をほめるのもいいですが、「見た目がいい人→内面をほめる」「仕事ができる人→ライフスタイルをほめる」「やさしい人→芯の強さをほめる」など隠れている魅力を見つけるのが、人間関係の醍醐味。より深く特別な関係が生まれるはずです。

04

ほとんどの人は、ほめて期待してくれる人を裏切らない

「メールの返信が遅いと困ります」

←

「○○さんは、すぐに返信してくれるから、うれしいです」

講演やセミナーで「今日のみなさんは、リアクションがよくて話しやすいです」などと言うと、参加者はさらに大きなリアクションをしようとがんばってくれます。

人から期待されると、それに応えようとする心理を「ピグマリオン効果」といって、教育やマネジメントの現場で使われていますが、それは「ほめ」でも効果的です。

ある女性は、結婚記念日を忘れていた夫に対して「最低。あなたって冷たいのね」となじったところ、翌年も忘れていたといいます。何年か経って結婚記念日に花を買ってきたので「涙が出そう。うれしいなー。やさしいのね」とほめちぎったら、翌年から毎年、花を買ってくるようになったというのは、ウソのような本当の話。

「北風と太陽」の物語のように、**冷たく厳しい言葉で人を動かそうとしては頑なになり、あたたかい言葉でほめると、自分から動いてくれるようになる**のです。

「部下がしっかりしているから助かる」「話を聞いてくれる友人がいてよかった」など、ちょっとしたほめ言葉なら、「期待されても困る」という人はいないでしょう。ほとんどは自分を認めてくれる相手に対して「そうであろう」としてくれます。

ちょっとくらい「ダメだなぁ」と思うことがあっても、あたたかい目、長い目で見て、叱ることよりほめることに注力したほうがいい関係が築けるはずです。

05

結果よりも、日々の行動や成長をほめる

「目標達成、おめでとう。いい結果を出せたね」

↑

「目標達成、おめでとう。毎日、夜遅くまでがんばっていたものね」

上司で「部下をほめようと思っても、結果が出ていないからほめられない」という人は多いものです。「結果がすべて」という考え方もあるでしょう。

しかし、優れたリーダーや、一流選手のトレーナーはプロセス（過程）を重視します。日々の努力や、小さな成長などを見つけてほめることで、充実感や意欲、そして結果につながるとわかっているからです。だから、いい結果が出なくても「精一杯やった。改善点もわかったから、つぎにつながるよ」というようにほめます。

結果よりもまずプロセスに目を向けるほめ方は、人も自分も幸せにします。

たとえば、「○○大学出身ですか。すごいですね」とほめるより、「努力する姿勢は、昔から身についていたんですね」とほめたほうが、相手もうれしいもの。

料理をつくってくれた人に「美味しい」とほめるのに加えて「これだけ深い味わいのスープは、煮込むのに時間がかかったでしょう」「プロ級の腕前ですが、どこかで修行されました？」とそこに至るまでの見えない価値に目を向けてほめるといいでしょう。

また仕事のなかでも「ずいぶん慣れてきたね」「○○もできるようになったね」「仕事が速くなった」など変化や成長をほめると、相手も「見ていてくれている」と感じます。

結果は表面的、一時的なもの。プロセスのなかには、行動、考え方、成長などさまざまな本質的価値があって、ほめることには事欠かないでしょう。

06

「ほめポイント」を足すだけで、ほめられる喜びは倍増する

「スピーチ、よかったです」

↓

「スピーチ、最初のつかみで、引き込まれました」

物書きとして料理を「美味しい」と表現するのは、プロ失格と言われます。そんなありきたりの表現ならだれでもできること。せめてひとつでも「塩加減が絶妙」「スープにコクがある」「後味がさわやか」などがあると「自分の言葉」になります。

ほめることも似ていて、「仕事ができますね」とざっくりほめられると、うれしいと思いつつも「どこを見てそう思ったの？」と聞き返したくなるでしょう（ほとんどは聞き返しませんが）。単なる社交辞令として受け取るかもしれません。

「先日、依頼をすぐに処理してくれたので、そう感じました」「電話の受け答えがすばらしかったので」といった〝ほめポイント〟を加えると、説得力をもって、ほめられる喜びは倍増。「そこを見てくれたんだ」と好感をもつでしょう。

幸運な人は、ひとつの〝ほめチャンス〟を大切にします。せっかくほめるなら、自分の言葉で相手に届くようにしたいもの。

ひと言加えるだけで、それはできるのです。

「すごいですね」→「○○ができるなんて、すごいですね」、「かっこいいですね」→「スーツ姿がかっこいいです」、「イラストが上手いね」→「猫ちゃんの表情が、なんともかわいい」、「元気ですね」→「あいさつが元気で、こちらまで元気になります」など、焦点はひとつに絞ったほうが、感動を伝えられるのです。

07

ほめ言葉を使わなくても、もっとほめ効果を得る「私メッセージ」

「いいお話でした」
←
「感銘を受けました」
←
「スタイルがいいですね」
←
「どうしたら、そうなれるか教えてほしいです」

家事を手伝ってくれた子どもに「あなたはいい子ね」「よくできた」とほめるより、「お母さんはうれしかった」「自分の時間ができた」とやってくれたことへの効果を伝えたほうが、自分から手伝いをするようになるといいます。違いは主語が〝あなた〟か〝私〟か。「私はうれしかった」と言われると、自分の行動が役に立ったと実感できるのです。

大人であっても、「報告書、よく書けていました」と言われるより、〝私〟を主語にして「報告書、読みやすくて、とてもよく理解できました」と言われたほうが、説得力があるでしょう。「相手にいい影響を与えた」「少しだけ幸せにできた」という喜びは、大げさなようですが、自分の存在価値を高めてくれるものだからです。

ほめ言葉というのは、相手をジャッジする言葉なので、少々上から目線に感じることがあるかもしれません。目上の人に対して「よくできていますね」などとほめることはないでしょう。**「感銘を受けました」「尊敬します」「教えてほしいです」といった「私メッセージ」は、ほめ言葉以上にプライドをくすぐります。**

ほめるのが苦手という人も、喜びや感動を表現することはできるでしょう。

ほめ慣れている人は、「すばらしい！　感動しました」というように「あなたメッセージ＋私メッセージ」を意識すると、相乗効果で相手に伝わるはずです。

08

「いい」より「好き」がストレートに響く

「○○さんはセンスがいいですね」

←

「○○さんのセンス、私は好きです」

←

「○○さん、ハッキリ意見を言えて勇気がありますね」

←

「○○さんのハッキリ言ってくれるところが好きです」

ほめられてうれしいものの、なんとなく心地悪さを感じてしまうなら、それは前項で書いたように、評価される目線への嫌悪感からきているのかもしれません。

人は「いい・悪い」と簡単に評価されたくないこともあるもの。〝上から目線〟で評価するでもなく、〝下から目線〟でもち上げるのでもなく、〝横から目線〟でそれらを超えてくるほめ言葉があります。それは**「好き」という言葉**。

私も自分の書いた本を「あの本、よかったです」とほめられるのはうれしいものですが、「あの本、好きです。何度も読んでます」などと言われたら、飛び上がって喜びたくなるほど。「これからもがんばろう」という勇気をもらえます。

「好き」という言葉は、少し照れくさく感じるかもしれません。でも、意識してみると、案外、使える場面は多く、慣れてくるものです。

たとえば、「そのバッグの形が好き」「○○さんのお家、居心地がよくて好きです」「○○さんの会社の商品、大好きでよく使ってます」というように、その人が好きなものを一緒に「好き」と言えるのは幸せなこと。ほかにも相手の性質を「○○さんのセンスが好き」「ノリのよさが好き」「その考え方、好きです」など限りなくあります。

「好き」に焦点を合わせていると、あたたかい好意の気持ちが自然に広がっていくのです。

09

〝あなたの存在〟に感謝する言葉は、最高のほめ言葉

「頼んだ仕事、よくできていたよ」

←

「〇〇さんにお願いしてよかった。ほんとうに助かった」

←

「家のこと、やってくれて感謝」

←

「いつもありがとう。あなたのおかげで仕事もがんばれます」

幸せを呼び込む人は、小さなことにも「ありがとう」を繰り返しています。

ここでご紹介したいのは、さらに大きな幸せをもたらす〝その人の存在〟そのものに感謝する言葉。「ほめ」を超越しているともいえます。

「○○さんがいてくれるだけで心強いです」「○○さんのおかげです」「あなたに会えてよかった」「あなたに助けられました」「○○さんがいると、うれしいです」……。

これらはすべて人としての存在をほめたたえる言葉。人はだれかのために存在することに最上の幸せを感じますが、いちばん幸せになれるのは、口にした本人でしょう。

「いろいろあっても、この人の存在は、自分に影響を与え成長させてくれている」と感謝していると、その存在に価値を感じるようになります。謙虚な気持ちで敬意をもって接するようになり、自然にいいことが起こるのです。

感謝や謙虚さを忘れてしまうから、相手の言動を否定して愚痴や文句を言うようになり、存在を鬱陶《うっとう》しく感じるようになってしまいます。

心をきれいにしておくためにも「あなたがいてよかった」とほめたたえましょう。

とくに身近な人にはときどき「お母さんが産んでくれたおかげで、人生を楽しんでいるよ」「あなたがいてくれるだけで幸せ」など、感謝と喜びを伝えてみませんか。

10

ほめられたら、「感謝＋α」でほめ返し効果になる

「きれいな言葉遣いですね」
「いいえ、そんなことないです。〇〇さんこそ〜」
↓
「ありがとうございます。〇〇さんにそうおっしゃっていただけると、自信がつきます」

ほめられたときに、ほめ返すことが礼儀だと思っている人もいるのではないでしょうか。「素敵な服ね」とほめられて「○○さんの服も素敵ですよ」とほめ返しても、社交辞令のような感じになってしまったり、ほかのところをほめようとしても、なかなか見つからなかったり。心がこもっていないと、「ほめ」は効果がないのです。

「ありがとうございます。うれしいです」と素直に感謝して喜ぶことこそ礼儀であり、相手もほめた甲斐《かい》があるというもの。感謝することは「あなたは、私を喜ばせてくれました！」と、ほめた人をほめ返していることになるのです。

また、謙遜《けんそん》のつもりで「そんなことはないです」「ほんとうに思ってます？」なんて否定するのも失礼。ほめ言葉は、相手からの好意のギフトなので、受け取り拒否をしているようなもの。「二度とコイツにはあげない」と思われるかもしれません。

素直に「ありがとう」と受け取って、「うれしいです」とほめ言葉が与えてくれた効果や気持ちを「私（を主語にした）メッセージ」にして伝えましょう。

服をほめられたら「○○さんのようなおしゃれな方に言ってもらえて、自信がつきました」「これからおしゃれしてみようかな」、仕事をほめられたら「○○さんのご指導のおかげです。励みになります」「やる気がわいてきました」など**「感謝＋私メッセージ」**で。

ほめると素直に喜ぶ人を、人はまたほめたくなるのです。

第4章

「聞き上手」になると、幸運がやってくる！

01

自分の話を聞いてくれる人のことを、人は好きになる

「〇〇さんも非正規ではなく、ちゃんと正社員として働くべきよ」

←

「〇〇さんはこれからどんなふうに働いていきたい？」

幸運な人は、魅力や才能があって人を圧倒する人でも、押しが強くて自己アピールが得意な人でもありません。

目の前の人に対して「この人はどんな人かな？」「この人のためになにかできるかな？」と興味と好意をもてる人。だから、例外なく〝聞き上手〟です。

営業でも「うちの商品はいいですよ～」「ともかくまずは話を聞いてください」と口を挟む余地なくペラペラしゃべる人は敬遠されるもの。口数が少なくても「なにか困っていることはありませんか？」「どんな感じがお好みですか？」と人の話をちゃんと聞いてくれる人は信頼され、相手が喜ぶものを提供できるのです。

「相手の話をちゃんと聞かなければ」とがんばる必要はありません。相手に興味をもてば、自然に聞き上手になります。

初めて会う相手なら、「面白いところがあるはず」「いい縁《えん》になるかもしれない」、普段会う相手でも「こんなところは素敵だな」「まだまだ引き出しがありそう」と好意と好奇心で宝探しをするように接してみましょう。

先入観で「どうせこの人とは話が合わない」「この人の話はつまらない」と、わかった気になって決めつけることが、いい縁も幸運も遠ざけてしまいます。

人は、自分に興味をもって話を聞いてくれる人のことを好きになるのです。

02

質問やあいづちをがんばるより、「三割増し」のリアクション

（無表情で）「ふーん、なるほど。で？」

↓

（びっくりした表情で）「え——!?　ほんとうですか。それ、面白いですね～」

「聞き上手」というと、的確な質問をして相手の話を引き出したり、あいづちのバリエーションが豊富でテンポよく聞いたりする人を想像するかもしれません。

もちろん、そんな人もいますが、それよりも**話したくなるのは、自分の話に対して、楽しそうにリアクションをしてくれる人**でしょう。

「それはすごい！」「いやぁ、うれしいですね～」「えぇっ！　そんなことってあるんですか？」とゆたかに感情を表現してくれる人と話すと、「私の話はそんなに面白い？」とうれしくなって、ついつい話しすぎてしまうこともあります。

無表情に「へー」「ふーん」「そうですか……」と返されると、「自分の話はつまらないのかな」と自信がなくなり、話していてもつまらなくなってくるはずです。

会話は単なる情報の交換ではなく、感情のやりとり。喜怒哀楽やおどろき、好きといった感情は言葉では言い尽くせないので、**顔の表情や身振り、声のトーンなども総動員して「三割増し」で表現しましょう。**

仕事などでは感情を出さないほうがいいと思われがちですが、人間は感情の生き物。人間関係も経済も人の感情が生み出しています。

にこにこしながら話を聞き、ところどころで大きなリアクションを心がけることが、聞き上手の第一歩です。

03

「否定」はNG。とことん「肯定」して「共感」する

「そのアイドルのどこがいいの？　いい年齢なんだから、リアルな恋愛でもしたら？」

←

「そのアイドルが好きなのね。応援する人がいるだけで、元気になれるよね」

単なる雑談なのに、いちいち「私はそうは思わない」と話の腰を折る人には、話していて疲れるもの。「この人とはもう話したくない」という気分になります。話をするほうは「ただ話を聞いてほしい」と思っているのです。意見を一致させたいわけでも、アドバイスや結論がほしいわけでもありません。

否定されると、たちまち不安や嫌悪感が生まれて、心を閉ざしてしまいます。

「そうそう」「たしかにねー」「納得」「わかるわかる」などと肯定されると、自分を受け入れてもらっているという安心感があり、気持ちよく話せます。

一見、ネガティブな話にも「それがあなたのいいところよ」「辛い経験は糧《かて》になっているね」など肯定してもらえると、感動すら覚えます。

「そんなことがあったのね」という事実をなぞるよりも、「それはよかったねー」「うれしかったね」「私もワクワクする」「それは辛いよね」「気持ちはわかる」と〝共感〟すると、さらに「この人は気持ちをわかってくれる」と心を許せるようになります。

肯定、共感できない部分は「そうなんだー」と流して、部分的にでも「それは一理ある」「そういう気持ちになることもある」と寄り添えばいいのです。

大切なのは、お互いが心地よくあること。「この人は話しやすい」「また話を聞いてもらいたい」という信頼関係ができると、自然にさまざまなことがうまくいくのです。

04

仲良くなりたいなら、「自己開示」は自分から

「○○さん、結婚は？　恋人は？　結婚についてどう思う？」

←

「私はひとり暮らしなんです。○○さんはご家族は？」

「この人と話して楽しい」という人は、ただ〝聞き上手〟で、自分のことは話さない人ではないのです。案外、おしゃべり好きな人が多く、自分のことも話します。

壁をつくらず、オープンに話をしてくれる人には安心するもの。「私もこんなことがあってね」と自然に心を開いて、聞き役と話し役が交互に入れ替わり、話は盛り上がるわけです。

初対面で「年齢は？」「出身は？」「仕事は？」「結婚は？」と質問攻めにする人がいますが、この方法では警戒心ができて、信頼関係を築けないでしょう。

かといって、あたりさわりのない表面的な会話をするだけでも、親しくなれません。

ほんとうの聞き上手は、自分から積極的に自己開示します。「私は～ですけど、あなたは？」と聞きやすそうな質問から入り、少しずつ自己開示を広げていきます。話しにくそうなことはあえて聞かず、自分から話してくれるのを待ちます。

なんでも話せばいいというわけではなく、線引きをする必要はありますが、軽い黒歴史や失敗談を話すと、相手も肩の力が抜けて、信頼されていると感じるでしょう。

近しい同僚や友人に「いま、こんなことを考えていて」「ちょっと困っていて」「うれしいことがあって」と内面をさらけ出すことは、心の癒しになります。

話が盛り上がるのは互いが「話したいし、聞きたい」と感じているときなのです。

05

興味がない話を聞くときは、指揮者になったつもりで話をコントロール

「ゴルフですか、いいですね……」

（ゴルフのことなんて知らないし、興味ないし……）

↓

1　〝人柄〟にフォーカスする「10年もゴルフを続けているなんて、部長はほんとうに努力家ですよね」

2　〝気持ち〟にフォーカスする「週末のゴルフのことを考えると、仕事もがんばれるんじゃないですか」

3　〝自分〟に引き寄せて教えを乞《こ》う「私、やったことがないんですけど、初心者でもグリーンに出られますか」

「またその話？」「早く終わらないかな」と、目上の人などの〝興味のない話〟にあくびをかみ殺して付き合うのはしんどいもの。突然、話題を変えるのは失礼だし、傾聴しようとしても、口数や表情が乏《とぼ》しくなってしまう……。

私は高齢者と話す機会が多く、健康の話、思い出話など同じ話が何度も出てきてエンドレスに続くこともしばしば。で、そんなときは無理して聞かないようにしています。聞くことを放棄するのではありません。指揮者になったつもりで、話を展開していくのです。すると、案外、興味深い話が聞けることもあります。

興味のない話を面白くするのは、聞いている側の視点次第。大事なのは、**「この人はどんな人だろう？」と相手に興味をもって、人間探求のつもりで聞くこと**です。

まずは、相手の話にからめて、人柄や気持ちを知る質問をしてみましょう。たとえば武勇伝や自慢話を聞くときは「勇気がありますよね」「〇〇が好きなんですね」「どうしてそんな行動をとったんですか？」というように。「どうしたらそうなれますか？」「〇〇について知りたいです」と自分に寄せて教えてもらうのもあり。

とくに目上の人の話を熱心に聞くと、かわいがってもらったり、チャンスをもらえたりするもの。年齢や境遇が違う人ほど、学ぶこと、刺激になることは多いのです。

06

愚痴や悪口には、時間を区切って付き合う

「愚痴を言ってもなんにもならないよ」

←

「そうなんだー。たいへんだったね。ところで、明日のランチ、どこ行く？」

あなたは同僚や友人、家族から愚痴や悪口を延々と聞かされたあと、ぐったり疲れたことはありませんか。

相手は「会社に腹が立つわ～」「あの人、仕事できないよね」と吐き出すことでストレスを発散しているのですが、そんな心の毒を受け取ると、こちらまで気分が毒されていくのです。我慢して聞くのもイライラするし、「愚痴を言ってもしょうがない」とばっさり切り捨てるのも角《かど》が立つでしょう。

いつも愚痴や悪口を言っている人は、思考のクセなので、まともにとり合わないことです。同調すると「話が合う」と勘違いして、接近してくるでしょう。

「そうですかー」「そう思ったんですね」などと薄いリアクションをしつつ、5分10分聞いたら、「ところで、明日は休みですよね」「そういえば、ウォーキング続いてます？」などと話を切り替えるといいでしょう。

もっともよくないのは、共通の敵をつくって、愚痴や悪口でつながることです。

一時的に傷をなめ合っても、長期的な幸せからは遠ざかってしまいます。**幸運な考え方の人は、安易にネガティブな言葉は使いません。**

それをいちばん聞いているのは自分自身。嫌な気持ちになって自分自身を傷つけることを知っているからです。

07

悩みごとや相談は、ただ聞くだけでいい

「もっとポジティブに考えたら？」

↓

「それは辛いよね。そういうことってあるよね」

日常的な愚痴や悪口はできるだけ遠慮したいけれど、相手が落ち込んでいるときや、真剣に悩んでいるときなど、「話を聞いてあげたい」と思うことがあるものです。

そんなときに、よかれと思って途中で「ま、元気出して」と口を挟んだり、「〇〇するといいよ」と、あれこれアドバイスしたりする人がいますが、それはすべてを話し切ってからでいいでしょう。**悩みごとのほとんどは「ただ聞いてほしい」**のです。

「彼氏と別れようと思ってるんだ」なんて話しているとき、言うことがまとまっているわけではなく、自分のことを客観的に見つめながら、頭のなかを整理しています。

そのため自分で「彼のことを信じてあげなきゃね」と気づいたり、結論が出なくても「話したらスッキリした」と気持ちがラクになっていたりするはず。

寂しさ、悲しみ、怒り、辛さ、苦しみ、不安などネガティブな気持ちを言語化して外に出すことは、心のデトックス。話を聞いてもらった相手に連帯感を覚えて、心強くなる効果もあります。

「この人に話を聞いてほしい」という人になるには、否定もアドバイスもせず、ただ寄り添って話を聞くことです。

職場、家族、友人……そんな人になるだけで大切にされます。互いに信頼したり、成長したりできて、当然、幸運もやってくるのです。

08

「過去」から入って「現在」「未来」について教えてもらう

（過去）「最初からいまの仕事をされていたんですか？」

（現在）「どんなときにやり甲斐《がい》を感じますか？」

（未来）「これからどんな活動をされたいですか？」

初対面の場や、上司との移動中、同僚とのランチなど「せっかくの機会だから、相手のことをもっと知りたい」というとき、会話の質が上がる質問の仕方があります。

それは、**「過去」から入って「現在」「未来」の時系列で話してもらうこと**です。

聞き上手とは「話させ上手」。過去の事実は、実際に起こったことなので、だれもがするすると話すことができます。

たとえば、いきなり「これから学んでみたいことは？」と未来の質問をされても答えにくいもの。「大学時代の専攻は？」「英語をどんな方法で学びました？」など過去の質問から入ってみましょう。

「いまも英語を使う機会はありますか？」（現在）、「なにか受けたい試験とかありますか？」（未来）の順で広げていくと、相手は頭を整理しながら話すことができます。しゃべりやすいうえに「自分に興味をもってくれている」と好感度もアップ。

営業でなにかを提案するときも「これまでどんなものを使っていました？」と過去から入り、「気に入っている点、問題点は？」と現在の状況を聞き、「じゃあ、つぎは○○なんてどうですか？」と未来の提案をする流れがスムーズ。お客にとっては「自分のことを知ったうえで提案してくれている」と説得力を感じるでしょう。

まず過去のことを質問すれば、話に深みと広がりが出てくるのでぜひお試しを。

09

事実より感情にフォーカスして話を聞く

「週末、キャンプに行くんですよ」

「キャンプですか」

←

「それは楽しみですね。週末にワクワクすることがあると、仕事もがんばれますよね」

話を聞くときに、相手が言った言葉をそのまま返して話を促す「オウム返し」という手法があります。

「初めて上司にほめられたんだよね」という話に「初めてほめられたんだー」などと返すことですが、〝事実〟のオウム返しでは、場合によっては冷たく感じられたり、嫌味っぽくなったりすることもあります。

「それはうれしかったね」と言葉には表れていない〝感情〟のオウム返しをすると、話すほうも「気持ちをわかってくれる」と感じて、一体感が生まれます。

会話がポジティブな内容なら、「うれしいね」「ほっとしたね」などと感情のオウム返しをしながら笑顔で返し、ネガティブな話題なら「辛いよね」「不安だよね」と顔の表情や声のトーンも合わせて返しましょう。相手が仕事でたいへんそうなときは、明るく対応するのではなく、あえて「疲れてない？」とネガティブな感情に同調すると、「そうなの。家でもいろいろあってね」と本音を話したくなるでしょう。

かつて「駐車場で当て逃げされて……」と友人に話したら、私以上に友人が「むちゃ腹が立つ〜！」と大激怒。それを見て、自分の怒りが静まり、気がラクになったのです。

相手がうれしいときは一緒に喜び、悲しいときは一緒に悲しむ……。そんな共感ができる人になったら、人が集まってくることはまちがいありません。

10

自然と話したくなる3つの質問

「そもそもきっかけは？」（きっかけを聞く）
「いちばん好きなのは？」（いちばんを聞く）
「うまくいくヒケツは？」（秘訣やコツを聞く）

「共通の話題がない」「タイプが違いすぎる」と敬遠してしまいがちな相手でも、しゃべりたくなる質問があります。

まずは〝きっかけ〟を聞く質問。「料理にハマったきっかけは？」「いまの仕事を始めたきっかけは？」「ご主人（奥様）と結婚したきっかけは？」というような、〝そもそも〟の始まりや動機は話しやすく、その人の背景を知ることができます。

つぎに「いちばんの得意料理は？」「いちばんうれしかった（苦労した）ことは？」「いちばんの思い出は？」など〝いちばん〟を聞く質問。好きなこと、熱中していることの頂点は楽しくしゃべれるもの。相手の価値観や指向もうかがえます。

「教えてほしい」というスタンスで〝秘訣〟を聞くのも、相手の自尊心を満たし、気持ちよくしゃべってもらえる質問です。「料理を短時間で作るコツってありますか？」「お客様に信頼してもらえる秘訣は？」「夫婦仲良くする秘訣は？」といった質問は、聞く側にとっても役に立つので、話が弾むでしょう。

話してくれたら、「面白いですね～」「それは意外でした」「素敵だなぁ」と大きなリアクションで「あなたの話は聞く価値があります！」と示しましょう。

本来、だれもがしゃべりたいのです。話を熱心に聞いてくれる人は安心して心を開く存在になるはずです。

11

話の腰を折らずに、相手がしゃべるのを最後まで見守る

「いろいろ考えたんですけど、今回のプロジェクトはむずかしいと思うんです。時間的に無理もあるし、後輩も育ってないし……」

（途中でさえぎって）**「ちょっと待って。要するに、やりたくないってことね」**

←

（最後まで聞いて）**「考えてくれてありがとう。どうして時間的に無理だと感じたの？」**

「人の話は最後まで聞く」というのは会話のマナーですが、自覚なく、話をさえぎったり、自分の話にすり替えたりする人がいるものです。

先日、女友だちとの雑談で「年をとると、人の話を最後まで聞かなくなる人が多い」と盛り上がったことがありました。話を聞かなくても展開が読めること、相手の話に興味がないこと、自己主張が強くなることなどが要因ですが、根本的な原因は「相手に敬意がないから」かもしれません。

尊敬する人、仲良くしたい人の話は、どんな話でも熱心に耳を傾けるでしょう。話をさえぎるのは「あなたの話は聞く価値がない」と言っているようなもの。話すほうは、聞いてくれない相手に不満を感じて、口を閉ざし、相手の話も聞かなくなります。

話を聞くためには、相手の話を「いい、悪い」とジャッジしないことです。「この人の目からはどんな世界が見えているんだろう」とその人の目線に寄り添おうとすると、幼い子どもの話でも、部下の話、高齢者の話でも、最後まで聞きたくなります。「どうしてそう考えたの？」「どうしてそうなったの？」と質問したくなります。

わかった気になって話を聞かない姿勢は、自分の世界を狭く頑なにします。「まだまだ知らないところがある」という気持ちで、人の話を最後まで聞きたいものです。

12

相手の話をすべて真に受けず、聞き流してもいい

「あなたは気楽でいいわよね」

「気楽ってどういうことですか？　私だってたいへんなんです」

←

「そうですかね〜」

穏やかに話を聞こうとしても、人間ですから嫌な気持ちになることはあるものです。

本人は悪気はなくても、決めつけた言い方をしたり、言うことが変わったり、偏った価値観で話していたり。そんなときに「どういう意味？」と深読みしたり、「私は違うと思う」といちいちツッコんだりしたら、身が持たないでしょう。

「そうなんだ〜」「そう思うんだ〜」と適当に聞き流すことも必要です。

聞き流すことは、同調することでも我慢することでもありません。すべてを受け止めるのではなく、不必要なことは受け流して自分を守るのです。

相手の未熟さや感情は、相手の責任。そもそも話している本人も、すぐになにを話したか忘れているのですから、傷ついたり、振りまわされたりすることはないでしょう。

ただ、話す側は、話の内容は忘れていても、聞く人に対しての「大人の対応だな」といった印象や、「この人とは話ができる」という信頼感は心に残っています。

あまりにも聞き捨てならないことは、それなりの対応をするべきですが、ほとんどはさほど重要ではなく、聞き捨てていいのです。

スルーするのは、相手を嫌いになって傷つけないためでもあります。人に対する嫌悪感は、幸せになる力を妨げてしまいます。**聞き流すことを心がけると、だれも傷つかず、人間関係はまるくなる**のです。

13

相手に調子を合わせるより、自分らしくある

「ウォーキングはいいわよ。あなたもやってみたら？」

「ウォーキングは健康にいいらしいですね。私もやってみたいです」

←

「健康に気を使うことは大事ですよね。私はインドア派なので、家でできることを探そうかな」

「話をしっかり聞いて、相手に喜んでもらおう」とひたすら話に同調したり、話し方のテンポや雰囲気を合わせたりして、気疲れした経験はないでしょうか。

それは無理をしていて、自分らしく振る舞えていないからかもしれません。

調子を合わせると、相手がいくらか話しやすくはなりますが、そればかりでは、ほんとうの自分を出せず、関係も深まらない。表面的な空気は相手にも伝わるものです。

長い目で見ると、正直で自然体であることが信頼関係をつくります。相手が話しやすいように心を配りつつ、自分らしい表現や気持ちも出していきましょう。

幸せな人間関係を築く人は、相手も大切にして、それ以上に自分も大切にします。

人の話を聞くことは、突き詰めると、自分らしく生きるため。相手の価値観や人柄、大切にしているものを知っていれば、自分との折り合いをつけながら、自分なりに相手を喜ばせたり、思いを叶えたりできます。

ネガティブな気持ちになることも、ひとつの学び。自分を顧みたり、距離感を考えたりするヒントになるはずです。

『人を動かす』など世界的ベストセラーを生んだ著述家、デール・カーネギーは「人の話を聞くことで、人生の80％は成功する」と述べています。

相手を受け入れ、自分も受け入れてもらえる会話を目指しましょう。

第5章

上手に自己主張すると、幸運がやってくる!

01

人に合わせるより、自分の希望を伝えて歩み寄ろう

「映画、アクションものにしない？」

「私はなんでもいいから、あなたに合わせる」

←

「私はアクション映画より、コメディ映画が好きかな」

相手の気持ちを尊重したり、まわりの空気を察したりする心やさしい人は、「あなたに合わせる」「私はなんでもいい」と自分の気持ちを封印してしまいがちです。

しかし、自分の気持ちや意見を伝える習慣がなければ、ストレスがたまって心地悪くなるだけでなく、自分がどうしたいのかさえわからなくなってしまいます。まわりから「自分がない人」と思われて、存在を軽視されることもあります。

自分の気持ちを伝えると、相手との折り合いがつけられます。「なんだ、そう思っていたの？」「じゃあ、どうしましょう？」と一緒に考えてもらえるのです。

映画を観るとき「アクション映画よりコメディ映画のほうがいいな」と素直に言うと、「じゃあ、コメディ要素のあるアクションものは？」と折衷《せっちゅう》案が出てきたり、「今回はあなたの好きな映画で、次回は私の好きな映画はどう？」と譲り合ったり。**自分の気持ちを大切にすることは、同じように相手の気持ちを大切にすること**なのです。

幸運に恵まれる人はどちらかが我慢するのではなく、どちらもハッピーになろうと考えます。相手を敵視して負かすのではなく、それぞれの目的を叶えようとします。

少しずつでも自分を主張できるようになると、自分もまわりの人も信頼できるようになります。そんな心地いい関係から、いいことも起こりやすくなるのです。

02

「Yes, but」ではなく、「Yes, and」の表現で主張する

「おっしゃることはわかります。しかしながら、ほかにも方法があるんじゃないでしょうか」

←

「たしかに有効な方法ですね。ほかにも、こんな方法がありますよ」

相手と意見が違うとき、「でも、～」と返してしまいがちです。その前に「わかります」「その通りですね」とどれだけ肯定しても、「でも」「しかし」と逆接の表現をしては、否定されたように相手は感じます。

意見が対立する構図になって、相手は態度を頑なにし、「いや、私のほうが正しい」と並行した議論になるのです。それだけ「but」は、強く否定する力があります。

自分の意見を伝えるときは、「Yes, but…」ではなく「Yes, and…」の表現をするといいでしょう。相手の考えも正しいし、まちがってもいない。目的は同じなので「こんなアイデアもありますよ」いうスタンスで意見すると、建設的な話ができます。

「そうですよね」「その視点は大事だと思います」「その方法は有効ですね」など相手の意見を肯定したあと、「それから」「さらに」「また」「と同時に」「ちなみに」「つけ加えると」などで話をつなげることで、否定することなく、意見を言いやすくなります。相手も自分の意見を否定されるわけではないので、聞く耳をもってくれるでしょう。

意見を言っても、否定されたり却下されたりすることはありますが、**自分の意見を言うこと自体が大切。**それは、自分の思いを大切にして、まわりに「私はこんな考えや価値観なのでよろしくね」と表明していくことでもあるのです。

03

意見を言ったら「どう思う？」と問いかける

「ぜったい、社内ルールを変えるべきよ。時代に合わないでしょ」

←

「私は社内ルールを変えたほうがいいと思うけど、○○さんはどう思う？」

自分の意見を言ったら、その分、相手の意見を聞くのはマナー。「自分の意見だけを聞け」では通用しません。自分の意見を受け入れてもらおうとするなら、相手の意見も尊重して、耳を傾ける責任があるのです。

自分の意見を言いながら、「〇〇さんはどう思いますか？」「ほかにアイデアはありませんか？」と相手に振ると、当事者として一緒に考えてもらえます。

たとえば職場で「仕事のやり方を変えたほうがいいです」と言っては、ただ押しつけているだけに感じられます。「私は仕事のやり方を変えたほうがいいと思うのですが、〇〇さんはどう思いますか？」という言い方だと、「あくまでも一意見」というニュアンスでありつつ、前向きに解決したいという気持ちが表現できます。

相手の話を聞かず自己主張だけをするのは「自分が正しい」と思っているから。立場が上になるほど人の意見に耳を貸さなくなりがちですが、それでは一緒に考えてくれる人、まちがいを指摘してくれる人もいなくなります。

違う意見こそ貴重です。「自分の考えがすべてではない」と教えてくれて、よりよい判断に導いてくれます。

自分の意見を言ったら、「どう思う？」と人の意見を聞いてみましょう。そんなやわらかい姿勢の人には、人も情報も、そして幸運も集まってくるのです。

04

自分の意見には、「根拠」をセットでつける

【仕事】「A案のほうが、なんとなくいいです」→「A案がいいと思います。なぜなら昨年のデータによると、女性客が七割なので、女性に寄せたほうが売上アップにつながります」（客観的、具体的な根拠）

【プライベート】「彼とは少し距離をおいたほうがいいかもね」→「彼とは少し距離をおいたほうがいい。振りまわされるし、イライラする時間が無駄でしょう？」（共感的根拠）

意見を言うときに、必要なのは説得力。そのためには、**「私は〜だと思う。なぜなら〜」というように、「意見→根拠（→詳細）」の順で伝えること**です。

仕事で意見する場合、根拠となる、「客観的・具体的な事実」を示す必要があります。「私がいいと思ったから」では説得力はありません。「社内では10人中9人がA案を選びました」「新しい方法を試したら、10分短縮できました」など数字やリアルな体験を盛り込むと、裏付けが明確になり、説得力が増します。

プライベートの雑談や提案で意見を言うときは、「たしかにそうだね」と思わせる「共感」を根拠にするといいでしょう。共感には「今度、離島に行かない？　海外並みに脱日常が味わえるよ」といったポジティブな共感と、「10時には帰ろうよ。この歳になると翌日にこたえるから」と危機感をあおるネガティブな共感があります。

できる営業も「こうなったら、うれしいですよね」（ポジ共感）と「こうなったらイヤですよね」（ネガ共感）を人を見て巧《たく》みに使い分けています。

共感してもらうためには「自分のことだと身近に感じてもらう」のがコツ。意見を表明するからには、相手を説得する姿勢で。具体的にイメージさせて「それはそうだ」と納得させることができたら、意見を汲《く》んでもらえる可能性は大です。

05

「あの人にはなにが響く？」と見極めて、自己主張する

（親分肌タイプ）「仕事を合理化することは、会社の理念にも合致しています」

（サポータータイプ）「仕事を合理化すると、みんなの負担が軽くなりますよね」

（商売人タイプ）「仕事を合理化することで、〇万円の経費削減が見込めます」

（旅人タイプ）「仕事を合理化したら、リモートワークも夢ではありませんよ」

（優等生タイプ）「仕事を合理化するプランは、人事課にも了承を得ています」

意見には、その根拠が不可欠ですが、相手の特性によって話し方も違ってきます。相手によってアプローチを変えることは、だれもが自然にやっていることでしょう。

気分屋の人には、機嫌がいいときに話をしたり、よく考えないと決められない人には丁寧に説明したり。これをまちがうと、気持ちが動かず、不信感を招くことになります。

相手の心に響く話し方をするには「この人はどの方向を見ているのか」「なにを大切にするか」という価値観がヒントになります。たとえば……、

【責任感のある親分肌タイプ】会社の方針、理想、目標を傘にして懐《ふところ》に入る

【心やさしいサポータータイプ】情に訴えて心の安定や人間関係を切り口にする

【合理主義の商売人タイプ】具体的な客観的データや数字、金額などを駆使して話す

【自由奔放《ほんぽう》な旅人タイプ】フレンドリーに自由や楽しさを示して共感してもらう

【社会性優先の優等生タイプ】礼儀正しい話し方で評価や安心が得られるように

意見を言うときだけでなく、雑談などでも「この人にはなにが響くのか？」と考えるクセをつけると会話がスムーズ。そのためにも人の話を聞くことは大切なのです。

自分の性質や考えは球体のようなもの。しっかりと芯をもちつつ、相手に合わせて接する切り口を変えていけばいいのです。

06

反論は先につぶしておく

「定例会議の回数を減らしてはいかがでしょう？」

↓

「定例会議の回数を減らしてはいかがでしょう？　全員で議論をすることが大事だという意見もありますが、大人数では意見が出にくいので、その分、チーム内でのコミュニケーションを増やしたほうがいいと考えます」

意見を言えない理由のひとつに「反論されるのが怖いこと」があるでしょう。

そんな不安を解消するのは、反論される前に、自分で反論しておくという話し方。「ここが気になる点ですよね」「こういう意見もありますね」と相手がツッコミそうなところを想定して、先につぶしておくのです。**相手の頭のなかを想像して、「そうは言っても……」と批判方向から話すのがポイント**です。

家電製品や車、保険など大きな買い物をするとき、販売員が商品のよさを力説したあとに「じつは弱点もあるんです。でも、それは解決できます」「こう考えればいいですよね」といったトークをすることがあります。

あとでクレームにならないよう予防線を張っていることもありますが、**長所も弱点も話すことで信頼される**のです。

しかしながら、どれだけ準備をしても、予想しない反論がくることはあります。

「意見するなんて生意気だ」と応酬してくることもあるでしょう。

そんなときは、感情を切り離して、反論のなかから必要な部分だけを受け取ることです。

敵対するのではなく、「そういう意見もありますね。ありがとうございます」「どうしてそう考えたのですか？」と巻き込んで一緒に考えてもらう姿勢で臨みましょう。

07

信念のあることは、断定的に言い切る

「目先のお金より、信頼を優先したほうがいいかもしれません」

←

「目先のお金より、信頼を優先するべきです」

「たぶんできると思います」

←

「できます」

かつて著名人たちにインタビューをしていたときに感じたのは、言葉の力強さ。「学歴は必要ありません」「お金は大好きです」「解決できない問題はない」といった尖《とが》った考えでも堂々と言い切ってしまうのです。しかし、その生き様を見ると、言葉には信念があり、言い切る姿勢こそが、人をつくり、信頼にもなっていると感じたのです。

自信がないと、「かもしれないです」「だと思います」「みたいです」「とも言えます」などぼかした言い方になってしまいます。「自信をもって言い切れるかどうか」が、主張の力強さの分かれ目。言い切ることができなければ、なにかが足りないのでしょう。

あえて断定しないほうがいいときがありますが（次の項目で説明します）、**「これは信念をもって言いたい」「どうしても相手を説得したい」など〝ここぞ〟というときは、「です」「ます」で断定したほうが、相手には「よっぽど自信があるんだな」と強く伝わります。**

断定表現は相手を励ますこともできます。病気で深刻な状態になったとき、医師から「大丈夫。治るから」と断言され、涙が出るほどほっとしたことがありました。

また、私は仕事を引き受けるときは、「できると思います」「がんばりたいと思います」ではなく、「できます」「精一杯やります」と断言するようにしています。

自信があるから断言するのではなく、断言するから自信と責任をもつのです。

08

〝押し付け〟や〝批判〟に なりそうなときは 〝意見〟として控えめに

「ぜったいに婚活をするべき」

←

「婚活をしてみるのもいいと思うよ」

「あの企画がうまくいくはずはありません」

←

「あの企画がうまくいかないのではと心配しています」

信念を表明したいときは断定的に言い切ったほうが頼もしく思われますが、相手に対して〝押し付け〟や〝批判〟になりそうなときは、「これは一意見ですが……」とあえて控えめな言い方をしたほうが力をもちます。

たとえば「ぜったいにAがいい」「Aにするべき」と〝正しさ〟の理詰めでやり込めると、相手は「じゃあ、私はまちがっているの？」と反感を抱いたり、押し付けを鬱陶しく感じたりして、逆に心を頑なに閉ざしてしまいます。

「私はAがいいと思います」「Aもありですね」とやんわりとした表現で言うと、多様性を受け入れる態勢をアピールできます。相手も抵抗が少なくなり、「話を聞こう」という受け入れ態勢になります。**「自分が正しい」と思うときほど、ソフトな口調のほうが、相手もまちがいを認めやすくなります。**

また「Aはうまくいかない」ではなく、「私はAがうまくいかないのではないかと心配しています」「私は〜だと思います」「〜が気になります」と〝私〟を主語にして主張することで「一個人の意見」として受け入れてもらいやすくなるでしょう。

互いに自分が「正しい」と思っています。**対立ではなく、〝一意見〟として主張する習慣をもつと、意見を言いやすい空気が広がっていく**のです。

09

「正論」より「共感」で心を開く

「愚痴を言っても、どうにもならないですよね」

←

「愚痴を言いたくなるときもありますよね」

「遅刻厳禁。時間を守るのは、常識でしょう」

←

「○○さんが遅れるなんて、どうかされました？」

「相手を正さなくては」と正論を主張すると、たいていは「それはそうだけど……」と反感と嫌悪感をもたれるもの。正論はだれから見ても正しい論理。それを武器に一刀両断されると、プライドが傷つき、心を閉ざしてしまうのです。

正論を言うとき、人は上から目線になっています。「常識ですよね」「普通は〜でしょう」とマウントをとる発言にも、相手はカチンときて心を頑なにします。

では、逆に「どんなときに心を開くのか」と考えてみると、自分が尊重されて、認められていると安心できるとき、自分のために言っていると感じられるときです。

「どうされました？」「そうなることもありますよね」「私も失敗したことがありました」と目線を同じにして、まずは自分が相手を受け入れる姿勢を表明しましょう。解決、改善が必要なときは、「どうしたらいい？」と一緒に考えるスタンスで。

相手のミスやまちがいを指摘することは必要ですが、そもそも相手の言動を正そうとすること自体、傲慢《ごうまん》なのかもしれません。自分も完ぺきな人間ではないのですから「お互いさま」と認め、力になる側にまわったほうがストレスは軽減されます。

主張というものは、関係性のなかで届くもの。攻撃や否定だけでは届きません。心を開いた関係性があるから、「この人が言うなら」とすんなり受け入れられるのです。

10

誘いを断るときは、罪悪感を捨ててあっさりと

「本当に申し訳ありません。せっかくのお誘いで、行きたいのは山々ですが、あいにくその日は、家族の用事がありまして……」

↓

「お誘いありがとうございます。あいにく、その日は予定が入っています。また誘ってくださいね」

「誘いを断るのが苦手」という人は多いもの。断れない理由は「人間関係を円滑に保ちたい」「せっかく誘ってくれたのに申し訳ない」などですが、つまり「嫌われたくないから」でしょう。断ることへの心の負担が増すと、逆に相手へのストレスが生まれて、人間関係が悪化していくのです。

人間同士ですから、都合がよくないことは当然出てきます。断らないのではなく、むしろ、**できないことは「できない」と言える正直さが、信頼関係をつくる**のです。

たとえば、同僚に外食ランチに誘われたとき、「今日は仕事があるのでパスします。また今度！」とあっさり言える関係なら、気楽に声をかけ合えます。あれこれ言い訳をしたり、「申し訳ない」と恐縮したりすると、誘うほうも気を遣います。

ただし、「無理です」「結構です」と冷たく断るのではなく、誘いの好意には好意で応えるのが礼儀。

「ありがとうございます。誘ってもらえてうれしいです」と感謝する、「あー、○○さんのお誘いなのに残念だなー」と軽く悔しがる、「また誘ってくださいね」と次回に期待を込めるなど、あたたかい言葉を添えましょう。

やわらかくスマートに断れる人は、好印象が残ります。断れない人以上に、人間関係をスムーズにして、誘い合ったり、助け合ったりができるのです。

11

「NO」と言わない断り方もある

「仕事が多すぎて無理です」

↓

「来週以降ならできますが、いかがでしょう？」

仕事の依頼など断りづらいとき、「NO」を言わずに断る方法があります。

「～ならできます」と条件つきで引き受けようとすることで、なんとか力になりたい気持ちを表明するのです。

「3時になったら手が空くので、それからでもいいですか？」「すべてお引き受けするのはむずかしいですが、この部分ならできます」というように。

自分ができない場合は、「○○さんが得意なので聞いてみましょうか」と人につなげたり、相手が上司なら「いま、例の仕事をしているのですが、どちらを優先すればいいですか？」と相手に決めてもらったりする方法もあります。部分的に引き受けようとすることで、相手に自分の状況を理解してもらい、一人で抱え込むことも防げます。

まわりの人を味方にして幸運をつかんでいく人は、〝他人事〟ではなく、〝自分事〟として力になろうとするので、助けてくれる人、引き上げてくれる人が現れます。

お祝いイベントの誘いなども「先約があって1時間しかいられないけど、ぜひ参加させて」「仕事で行けないけど、お祝いメッセージを送ってもいい？」など、ゼロでも100でもない対応があるはず。

しんどくならない程度に、相手からの声かけに応じようとする習慣は、いい波（幸運）を引き寄せる習慣でもあるのです。

12

誘うときは、相手の逃げ道を用意してダメ元で

「来週の水曜日、空いてる？　ダメならどの日は空いてる？」

←

「来週、早く終われる日があったら、食事でも行かない？」

人を誘うとき、いきなり「明後日の夜、空いてる？」と聞いてくる人がいます。
「一応、予定が入っていますけど……」と防御モードになったところに、「じゃあ、いつなら空いてるの？」と追い打ちをかけてくる……。「食事に行くのは決定」という前提で囲い込まれると断りにくく、窮屈《きゅうくつ》な気持ちにもなってきます。

そもそも人を誘ったり、頼み事をしたりするのは、その人の自己都合。相手には相手の都合があり、気分もある。選択する権利は相手にあるという前提をわかっておく必要があります。断るのはだれでもエネルギーを使うのですから、**いかに断りやすいように誘うかが思いやり**でしょう。

たとえば「金曜日、食事でもいかがですか？　予定があればまたの機会に」「急なので、無理しないでくださいね」など最初から〝逃げ道〟を用意してあげる。仲良くなりたいときは「駅前の台湾料理店が気になってるんですけど、付き合ってもらえますか？」と目的をずらして誘うなど、あくまでもダメ元で気楽に誘うのがコツ。

3回に1回でも応じてくれれば儲けもの。相手が好意的なら、断わられても「また今度」はあるでしょう。

私は作家の大先輩や、初対面の人をダメ元でお誘いしたことから、チャンスや縁が生まれてきました。**気軽に声をかければ、人生が大きく変わることもある**のです。

13

注意するときは、感情を切り離して建設的に

「どうして確認しなかったの？」

←

「2回確認するクセをつけるといいよ」

「あなたはいつも帰りが遅い！」

←

「もう少し早く帰ってきてくれたら、うれしいな」

ほとんどの人は注意するのも、注意されるのも嫌なもの。同僚のミスや怠慢、後輩の無知や無礼、家族の迷惑行為など、「嫌われたくない」「相手を傷つけたくない」「摩擦を生みたくない」と見過ごしていると、事態は悪化し、イライラは募《つの》り、つい感情的な言い方でぶつけてしまうことになりがちです。

言いにくいことの多くは、言う必要のあることです。注意の流儀さえわかっておけば、摩擦を少なくして相手に届き、嫌われることも、傷つけることもありません。

注意するときは、その場で、その行為だけを軽く注意することが大事です。

「ずっと注意しようと思っていたんだけど」と別な機会に持ち出したり、「やる気があるの？」など人格を否定したりしては、重苦しい言い方になります。

つぎに「それはダメ」「どうしてできないの？」（否定形）ではなく、「こうしたらいい」（肯定形）と建設的に話すこと。「あなたは～だ」と指摘するのではなく、「私は～してほしい」と〝私〟を主語にしてお願いにする方法もあります。

「否定」のニュアンスを和らげるために、「ほかのところは完ぺき」「期待しているから言わせてね」など〝ほめ〟や〝期待〟など「肯定」を加えてフォローするのもいいでしょう。

相手が素直に注意を受け入れるためには、話し方の工夫が必要なのです。

14

パワハラ、セクハラは反撃ではなく、教えてあげる

「これだから女は……」

「そういうセクハラ的な発言はやめてください」

←

「いまの時代、そんな発言は許されないんですよ」

「これだから女は……っておっしゃいました？」

パワハラ、セクハラにどう切り返すかは、段階や人柄、関係性によってさまざま。たとえば男性上司から「痩せたら、きれいなのに」と言われて、「それはどうも」と好意的に受け取る人もいれば、ものすごく気持ちが悪いと感じる人もいるでしょう。基準は自分が不快かどうかで「嫌なことは嫌だ」とわかってもらう必要があります。

ほとんどの場合、パワハラ、セクハラをしている人は許容範囲内だという感覚なので、「そうなんですよー」と明るく乗ってあげるのも助長させるし、「やめてください」ときっぱり拒絶するのも「これぐらいで騒ぐなよ」と反撃されるのがオチ。

軽めの段階であれば、「その発言はアウトです」「○○部長がそんなことを言うなんてショックです。紳士だと思っていたので」と相手を立てつつ、余裕の対応を。**相手を敵視せずに斜め横から「それはマズいですね」と教えてあげる感覚で。**

余裕をもてない段階なら、努めて冷静に「いまなんておっしゃいました？」「これだから女は……って言いました？」と相手の発言を繰り返して。改めて他人から聞くと、相手はひるむはずです。「セクハラです」と直球で言うより、やめさせる効果あり。

大事なのは、心ではなにを思っても言葉では相手を傷つけないこと。攻撃の連鎖を生まないこと。だれも損をせずに言いたいことを伝え、身を守る言葉を身につけましょう。

15

一応、夢やほしいものを公言しておく

「やりたいことはありますが、人に言うことではないですよね」

↓

「いつか自分のお店をもちたいんですよね」

夢や目標、ほしいものは、公言しておいたほうが実現の可能性は高くなります。

有名スポーツ選手の多くが、小学校の卒業文集に夢を書いて有言実行するのは、よくある話。言葉の力で強くイメージする効果、あとに引けなくなる効果もありますが、いちばんは人や情報が集まって、幸運の波に乗りやすくなるからです。

私は「留学したい」「田舎暮らしをしたい」「こんな仕事がしたい」などやりたいことを公言したことで、さまざまな力が後押しをしてくれました。

「いい方法があるよ」「いい人を紹介する」「いい仕事がある」と、まるで周波数が合うように、必要なものが必要なときにやってくるのです。先日は友人との雑談で「温泉つきの家に住んでみたい」と言ったら、数日後に「しばらく貸してくれる家があるよ」と連絡がありました。

もちろん、すべてがうまくいくわけではありません。なにかと抵抗があるときは、まだそれを手に入れるタイミングではないのか、本気度を試されているのでしょう。

だから、実現できるかはともかく、「〜したい」とまわりに投げてみるのです。

まわりの反応は、自分の力量や意志力など、さまざまなことを教えてくれます。

とんとん拍子に進むなら、まわりが「あなたならできる！」と信頼して、応援してくれています。自信をもって進みましょう。

第6章

幸運な人がぜったいにしない話し方

01

「ネガティブな言葉」は自分を洗脳する

「睡眠不足で疲れているの。最悪」

↓

「少し疲れているけど、終業まで3時間だから、がんばれる！」

「最悪」「最低」「がっかり」「ついてない」など、軽々しく口にしてはいけないのです。

気持ちが言葉をつくるのではなく、言葉が気持ちをつくるのですから、**ネガティブな言葉を発さず、ポジティブな言葉を発するのが、幸運な人の基本**です。

もしくは、ネガティブ、ポジティブといった色をつけるのではなく、「こんなことがありました」「こんな状態です」と事実のみを伝えればいいのです。

02

どんな性質も、ポジティブ表現で解釈は変わる

「あの人は、すぐに意見を変える」

↓

「あの人は柔軟性があって変化に対応できる」

ものごとをどんなふうに解釈するかで、その人のもつオーラは変わってきます。

「頑固→こだわりがある」「派手→華やか」「大変→やり甲斐がある」「古くさい→流されない」など**性質をポジティブに表現しようとすることは、いい方向から見よう、いい点を探そうとする心のクセになります。**心が健やかに保たれてイライラが少なくなり、人やものごとにやわらかく接するため、〝いいとこ取り〟ができるのです。

03

「これでいい」「これがいい」言葉のクセが人生をつくる

「この仕事は、あなたでいい」

↓

「この仕事は、あなたがいい」

「あなたでいい」と言われたら、「失礼な」という気持ちになるもの。「仕方がない」「不足はある」という不本意さを感じるからです。「あなたがいい」と言われると積極的な意思決定に感じられます。たった一文字で、互いの心持ちが変わります。

選択で迷うとき、つい「これでいいんじゃない？」と言いがちですが、**意識して「これがいい」と言い換える習慣は、自分で責任をもって決める習慣にもなる**のです。

04

「ネガティブ→ポジティブ」が話す順序の基本形

「このお菓子、おいしいけど、カロリーが高いね」

↓

「このお菓子、カロリーが高いけど、おいしいね」

〝マイナス要素〟と〝プラス要素〟を伝えるとき、どの順番で話すかで印象はまったく違ってきます。〝プラス要素〟があとにくると「総じてプラス」になるのです。

「なんとか終わったけど、疲れた」では、どんよりした空気になりますが、「疲れたけど、なんとか終わったよ」では「よかったね」と明るい言葉が返ってくるでしょう。**幸運な人は、話の最後をポジティブに締めることを習慣にしている**はずです。

05

3D言葉「でも」「だって」「どうせ」のあとには……

「資格試験に挑戦したい……」

「でも、むずかしいよね」→「それでも、やってみる価値はある」

「だって、時間がないから」→「だって、できる理由があるから」

「どうせ、うまくいかない」→「どうせ、最後はうまくいくでしょ」

3D言葉のあとには、たいていネガティブな言葉が続きますが、じつはこれ、「〜したい」という本心の裏返し。「彼氏がほしい。でもむずかしい。だって忙しいし、どうせモテないし」と自分を納得させて、願望にブロックをかけるのです。

3D言葉にポジティブな言葉を続けて、思いが叶うことを許可しましょう。「むずかしい。でもなんとかなる。だって出逢いはあるし、どうせモテるし」と明るい未来が開けるはずです。

06

3M言葉「無理」「無駄」「面倒」はすべてを却下する思考

「その仕事、無理」↓「可能性はある」
「話しても、無駄」↓「やる価値はある」
「片付けるの、面倒」↓「簡単、簡単」

3M言葉「無理」「無駄」「面倒」を使っていると、やるべきことやチャンスをすべて「できない」と却下する思考になります。〝消極的な言葉〟の習慣は、〝消極的な行動〟の習慣になるのです。

3M言葉を言いそうになったら、3K言葉「可能性はある」「価値がある」「簡単」に言い換えてみましょう。むやみに恐れず、チャンスの波に乗れるようになるはずです。

07 相手が理解できないのは、だれのせい？

「なんでわかってくれないの？」

↓

「わかりにくかった？　もっと詳しく説明するね」

幸運な人は「なんでわかってくれないの？」とは言いません。それは、相手に変われと言っているようなもの。**「わかってもらえるにはどうすればいい？」と、自分が変わることで問題を乗り越えていく人は、相手に理解されて、うまくいく可能性が高いでしょう。**

なにかのせいにするかぎり、すべて手に負えない問題ですが、自分の責任にすると、手に負える問題として解決していけるのです。

08

「わからないでしょうけど」はマウンティング言葉

「あなたには、わからないでしょうけど」

←

「話を聞いてもらえるだけでうれしい」

「あなたにはわからない」「〇〇の話をしても、わからないでしょうけど」などと言われると、不愉快になり、聞く気力をなくすもの。相手が完全に上から目線で、決めつけているからです。「わからないでしょうけど」は余計なひと言。なくても話は通じます。すべてに共感、理解を求めるのではなく、**「話を聞いてもらえるだけでうれしい」「少しでもわかってもらえたら、さらにうれしい」という気持ちで話して。**

09

話には結論があるとはかぎらない

「……で？」「それで？」「だからなに？」「どうしたいの？」

←

「そうなんだ」「それはよかった」「すごいなぁ」

仕事の報告ならともかく、雑談などで「……で？」と聞かれると、「この人とはもう話したくない」となるもの。話に結論やオチがあるとはかぎりません。イライラ気味に「それで？」「だから？」と先をうながす人は、相手のペースに合わせることができない人です。

相手が発した言葉を「そうなんだね」「それはすばらしい」としっかり受け取る人であれば、話していて心地よく「また話したい」と思うのです。

10

これで聞き返されるとカチンとくる

「は？」「はあ？」「はい？」

↓

「なになに？」「どうしました？」「ごめん。もう一回言って」

短いのに破壊力抜群のフレーズ。「は？」「はあ？」「はい？」と聞き返す顔は、ふてぶてしく不機嫌で、「あなたの言い方が悪いから、わからないんだよ」と人を小バカにした印象を受けます。かなり不快感を与える言葉ですが、指摘されないまま、言い方のクセになっているのでしょう。親しい間柄でも、うっかり発言しないように気をつけて。**「なになに？」「どうした？」「もう一回言って」とにっこり笑顔で聞き返してください。**

11

後悔する人は、大切なものを失っている

「〜すればよかった」「〜しなければよかった」

↓

「あれはあれでよかった」

幸運な人は「〜すればよかった」と後悔を口にすることはありません。「もっと勉強すればよかった」「忠告を聞いておけばよかった」「行かなければよかった」など後悔するのは、〝過去〟にしばられ、大切な〝いま〟を失うことをわかっているからです。

人は完ぺきではありません。**辛いことも「あれはあれでよかった」と肯定して進めば、その分、大きな幸運を手にします。**後悔のないよう生きることにもつながるのです。

12
謝るフリして、人を傷つけていない？

「誤解を与えてしまったのなら、謝ります」

←

「申し訳ありません。私はこういうことが言いたかったのです」

個人間のトラブルだけでなく、テレビに映る組織の謝罪でも「不快に思われた方がいたら謝罪します」「気に障《さわ》ったら、ごめんなさい」といった謝罪を聞くことがあります。が、暗に「受け取り方の問題」と言っているようなもの。表面的に謝っても、自分を正当化する言葉になっているので、さらに嫌悪感が増し、事態は悪化します。

自分の非を素直に認め、誠実に謝るのが、幸運な人の謝罪の流儀なのです。

13 「お言葉を返すようですが」は反論の前フリ

「お言葉を返すようですが、先日はこうおっしゃいましたよね」

←

「一点、確認させてください。先日はこうおっしゃいましたよね」

「お言葉を返すようですが」というクッション言葉は、丁寧でありつつも「これから反論します」と真正面から打ち返す印象があり、相手も身構えます。**「そうはおっしゃいますが」「悪かったとは思いますが」「たしかにそうですが」など「〜ですが」「〜ますが」の逆接を避けて「わかります」「そうですね」と肯定から入りましょう。**「ひとつ思ったのは〜」「確認させてください」「私の話も少し聞いてください」と和らげるフレーズで反論につなげて。

14

「自慢じゃないけど」はこれから自慢する合図

「自慢じゃないけど、カラオケで99点を出したの」

↓

「自慢になっちゃうけど、カラオケで99点を出したの」

「自慢じゃないけど」の前置きのあとには、たいてい自慢話が続きます。「自慢ではない」と言われて、結局、自慢話を聞かされたときは、虚しさと不信感がわいてくるもの。だれにもちょっと自慢したくなることはあります。**どうせ自慢になるなら、「自慢をするようだけど」「ちょっと自慢していい？」「○○さんには聞いてほしくて」とさらりと言ったほうが、相手への思いやりになる**のです。

15 「私は〇〇な人」というラベリングは注意して

「私って、細かいことは気にしない人ですから」
←
「細かいことは気にしないです」

「私は〇〇な人」の裏にあるのは、「相手にそう思われたい」という気持ち。押し付けがましいだけでなく、「〇〇な人」と〝名詞〟で自分にラベルを貼った瞬間から、自分の言動や現実を引き寄せるのです。「朝が苦手な人↓朝は苦手です」「ほめられて伸びるタイプ↓ほめられるとやる気が出ます」など言い換えて。**自分にラベルを貼るなら、心のなかで「私は運がいい人だから」などとつぶやいて幸運を引き寄せましょう。**

16

贈りものは謙遜するより、価値をアピールしよう

「つまらないものですが、召し上がってください」

↓

「美味しかったので、ぜひ〇〇さんに食べていただきたくてお持ちしました」

手土産を渡すときの定番「つまらないものですが」は、本来、「立派なあなたの前ではつまらないものに見える」と相手への敬意を表す意味でした。しかし、時代とともに「つまらないもの……」がひとり歩きして、謙遜しすぎる印象があります。

「和菓子が好きとうかがったので」「美味しいと評判でしたので」など**それを選んだ理由を添えたほうが、相手を思う気持ちが伝わり、もらうほうもうれしいはず**です。

17

曖昧な返事は、失礼になる

「行けたら行きます」

↓

（OKの場合）「喜んで行きます」

（NOの場合）「今回は行けないので、また今度！」

（保留の場合）「スケジュールを確認して、ご連絡します」

「行けたら行きます」は、はっきり断りにくい場合と、すぐに即答できない場合に使いたくなるフレーズですが、誘ってくれた人、とくに目上の人には失礼。「都合がつけば」と軽んじているように感じ、はっきりしないのは迷惑にもなります。「できたらやります」「言えたら言います」など思わせぶりな言い方は、相手をがっかりさせて信頼をなくします。

「OK」「NO」「保留」に分けて、ちゃんと返事をするのが相手への礼儀です。

18

単なる口グセが、人生に対する姿勢になる

「別にいいですけど」

←

（受け入れる場合）「承知しました」

（受け入れない場合）「納得できない点があります」

「別にいいですけど」「まぁ、いいですけど」といった口グセの人は、まわりに面倒な人だと思われている可能性が高いです。「自分の不満に気づいて」という幼稚さを感じるだけでなく、イヤイヤ受け入れている態度にまわりもイヤな気分になります。

「いいですけど」という口グセは、人生に対するあきらめや虚無感にもなっていきます。納得して受け入れるか、納得できないことは伝えて折り合いをつけていきましょう。

19

「～してあげたのに」は見返りを求めている証拠

「いろいろやってあげたのに、お礼もない」

↓

「好きでやっていることだから、お礼がなくてもいい」

「手伝ってあげたのに」「ご馳走したのに」といった言葉は、相手に「お返しをするべき」と見返りを求めている証拠。「～してあげる」と恩《おん》を着せるくらいなら、なにもしないほうがいいのです。「自分がやりたくてやっている」「やった時点ですぐに忘れる」なら、喜んでやりましょう。**「ギブ&テイク」ではなく、「ギブ&ギブ」で生きると気がラク。**与えたり与えられたりが活発になり、幸運が巻き起こるようになります。

20

「あなたのため」という人はたいてい「自分のため」

「あなたのためを思って言っているのよ」

↓

「私はやめたほうがいいと思う」

なにかをすすめたり、忠告したりするとき、わざわざ「あなたのためを思って」と言う人は、ほんとうは「自分のため」だからです。自分が不快で都合が悪いから言っているのに、「あなたのため」にすり替えて考えを押しつける人は、信用されず、鬱陶しがられるでしょう。**なにも言わずに相手を尊重するか、「私は〜だと思う」とストレートに、私の意見として言えばいいのです。**

21

「前にも言いましたよね」が自分の首を絞めることになる

「この説明、前にもしましたよね」

←

「説明がわかりにくかったですね」

「先日もお伝えしましたが」「前にも言ったよね」など苛立ちぎみに言われると、「何度も言わせるな」とプレッシャーをかけられているようで、気軽に聞けなくなります。**「人間は忘れる生き物」を前提に話しましょう。**

相手を責めると、自分も忘れたときに責められることになります。責任追及より、「わかりにくかったですね」「何度でも説明しますよ」と問題解決に努めましょう。

22

「わかってます」のひと言で、声をかけづらくなる

「わかってます。今やろうとしたところです」

←

「わかりました。ご心配、ありがとうございます」

「早めにお願いできる？」「休憩した？」「あれ、やった？」などと促されて「わかってます」「今やるところです」と答えたくなることはありますが、ぐっと堪えましょう。相手は拒絶されたように感じてしまいます。**心配して言ってくれることに感謝して、「はい」「わかりました」「そうします」「ありがとうございます」と素直に言える人でありましょう。**

さらりと受けとる素直な人は、愛されるのです。

23

「だから言ったのに」は後出しじゃんけん

「だから、やめたほうがいいって言ったのに」

←

「大丈夫だった？」

忠告どおりにしなかった相手が失敗したとき、「だから言ったのに」という人がいますが、後出しじゃんけんでマウントをとるようなもの。相手がうまくいったときはなにも言っていないはずです。「私は正しいのに、それ見たことか」と相手を非難するのは、器《うつわ》が小さすぎます。それよりも**「どんまい」「あなたなら大丈夫よ」「見守ってるよ」とやさしさで包みこんだほうが、人として信頼される**でしょう。

24

「ここだけの話」が「ここだけ」のわけがない

「ここだけの話にしてほしいんだけど……」

←

「○○さんだから聞いてほしいんだけど……」

「ここだけの話」は蜜《みつ》の味。興味津々のネタを共有することで仲間意識も生まれます。しかし、ついだれかに言いたくなるような話を、相手に「ここだけ」と強いるのは酷なこと。また〝口の軽い人〟として見られ、信用を失います。**自分を守るためにも「この人に話すのはここまで」という線引きをしておきましょう。**ほかの人に伝わることになっても、もともとは自分の口から出たのですから責められないのです。

25

「みんなが言っている」は「私が言っている」

「○○さん、もっと協力してほしいってみんなが言ってるよ」

←

「○○さんに協力してもらいたいな」

「みんなが言っている」というフレーズは、人を傷つけるにじゅうぶんな力があります。〝みんな〟を隠れ蓑にして〝自分〟の意見を正しいと思わせる卑怯な論法は、不信感しかないでしょう。「私は〜してほしい」と一対一で正々堂々と言えば、相手も素直に受け取れるのです。「みんなもやっている」「みんながよければ」と多数に紛れようとするのも自信がない証拠。**「私は〜がいい」と〝私〟を主語に話すようにしましょう。**

26

「どうして」の過去より「どうしたら」の未来に目を向ける

「どうしてできないの？」

←

「どうしたらできる？」

後輩や家族などに対して「どうしてできないの？」と言っているとき、思考は〝過去〟を向いていて、イライラしているもの。**「どうしたらできる？」と考えると、感情を切り離して〝未来〟を向くことができます。**自分に対しても「私はどうして○○がうまくいかないのか？」と考えても正解はなく、あまり意味はありません。「どうしたらうまくいく？」と考え続ければ、自分なりの答えが見つかるはずです。

27

無意識の口グセは、相手を不快にさせる

「ウソでしょ!?」「ほんとうですか!?」「マジ!?」

←

「そうなんですね」「びっくりしました」「それはすごいですね」

雑談から仕事の話まで、とりあえず「ウソ!?」と返してくる人がいます。言うほうは意味のない口グセでも、聞くほうはいちいち疑われているようで耳障りなもの。

「ほんとう?」「マジ?」も同じで、同じリアクションが続くと、会話が弾まず、虚しいものになってきます。**相手の言葉を素直に受け入れて「そうなんですね」「すごいなぁ」「面白いなー」とゆたかな〝感動〟で反応しましょう。**

28 「ない」を「あるかも」に変えるだけで可能性が広がる

「あの人には、まったく愛がない」↓「あの人にも、愛があるかも」
「私には能力がない」↓「私にも能力があるかも」

幸運な人は「ない」という言葉に注意を払います。「上司は責任感がない」「後輩はやる気がない」「私は魅力がない」など断定すると、現実的にそうなってしまいますから。「ほんとうにそうか？」と「ない」を疑うのが第一歩。「責任感があるかも」「やる気があるかも」「魅力があるかも」と「あるかも」で表現してみましょう。**言葉を変えると可能性が生まれ、「きっとある」「まちがいなくある」と確信になっていく**のです。

最終章

運がいい人が使っている口ぐせ集

01

〝喜びの言葉〟を口にすると、どんどん幸運体質になる

「うれしい」「楽しい」「幸せ」「すてき」「最高」……

「うれしい」「楽しい」「幸せ」と笑顔で言い続けていたら、言う人も、聞く人も、どんどん元気になります。「たいへんだ」「疲れた」「悲しい」と言っていると、元気がなくなります。自分の言葉をいちばん聞いているのは自分自身。**喜びの言葉を口にするほど「自分を幸せにできる人」として無意識に自信がインプットされ、幸運を引き寄せる力は強くなります。**ポジティブな気持ちをどんどん表現して、どんどん幸運体質になりましょう。

02

素直に感動する人は、喜び上手で、喜ばせ上手

「花がきれい」「この曲、好き」「いい香り～」
「これ、おいしい」「風が気持ちいい」……

見たもの、聞くもの、香るもの、味わうもの、触れるもの……**いまの瞬間、五感で感じたことを素直に言葉にしてみましょう。**感動のリアクションがゆたかな人は、喜び上手。なんでもない日常からも、幸せを見つけるのが上手です。

また、素直に喜ぶ人を見ると、まわりの人も心地よくなり、「もっと喜ばせてあげたい」と思うので、自然にいいことが起こりやすくなります。

03

〝好奇心〟と〝好き〟は元気の源《みなもと》

「週末のことを考えると、ワクワクする」
「その本、面白そう！」
「料理をするのが好き」

毎日を楽しんだり、仕事で成長したりして「なぜか恵まれている」という人は、きまって「ワクワクする」「面白そう」「好き」の3つのワードを使っています。〝好奇心〟と〝好き〟のエネルギーがあふれていて、ぐんぐん前に進むのです。

夢中になっていれば、魅力的に見えるし、助けてくれる人も現れます。また「幸せになれるもの」に周波数が合い、幸運を見つけやすくなるはずです。

04

楽観主義とは、未来を信じること

「きっとうまくいく」

「きっとうまくいく」と自分に声をかければ、心が穏やかで明るくなります。そしてうまくいくための道筋（方法）を考え始めます。「どうせうまくいかない」と声をかければ、うまくいかない理由を考え始めます。**朝起きたら「今日はいいことがありそう」、新しい場所に行くときは「素敵な出逢いがありそう」など未来は明るいと信じましょう。**落ち込んでいるときも「大丈夫。そのうち元気になるから」と自分に声をかけて。

05

「私は運がいい」と思うだけで、心は強くなる

「私は運がいい」
「ツイてる！」
「ラッキー！」

「私は運がいい」と思うだけで、大きな力が味方をしてくれるようで、前向きな気持ちになります。「ツイてる！」「ラッキー！」とさまざまな幸運に気づきやすくなったり、ものごとをプラスにとらえやすくなります。自分があるのは、自分だけの力でなく、まわりのおかげだと感謝しているので、愛されて、助けてもらうことが多くなります。

〝奇跡〟という幸運も、それを信じて進む人に訪れるのです。

06

直感は幸せになるためのメッセージ

「ひらめいた」「ピンときた」

直感とは、自分のなかにインプットされたビッグデータのなかから、「これ！」と導き出した答えであり、自分の本当になりたい姿をよく知っています。ぼんやりしているとき、なにかを見たときなど、降ってくるように「そうだ！　アレをやろう」「コレにしよう」「いいアイデアを思いついた」「この人とは縁がある」という直感が起こります。

直感に従えば、まちがいなく運がよくなり、自分を大切にできるはずです。

07

前に進むためには、決めてしまうこと

「私、○○するって決めています」

生きることは、決めることの連続。私たちは一日何千回もなにかを決めて動きますが、ほとんどは意識していません。**自分にとっていいと思うことを、意識して先に決めることで、成功率と自信が高まります。**「今日は5時に帰ると決めています」「毎朝、○○をすると決めています」「悪口は言わないと決めています」「○歳で独立すると決めています」など、決めることは最良の行動と最良のいまをつくり出すことなのです。

08

焦るときほど、ゆっくりと落ち着いて

「ゆっくり、ゆっくり」

なにごとも焦ってやろうとすると、判断ミスや失敗が多くなります。**焦りを感じたら、大きく深呼吸して「ゆっくり、ゆっくり」とつぶやきましょう。**ゆっくり動こうとすれば、心も落ち着いて、よりよい道も見えてきます。とくに大きな課題や人生は、結果を急がないことが大事。ゆっくりでも、歩みをとめなければ、ずいぶん遠くに行けます。大きな力になるには時間が必要。幸せもゆっくりゆっくりやってくるのです。

09

すべてがベストタイミングになる魔法の言葉

「ちょうどよかった」

すべてのことを「都合のいいこと」に変える魔法の言葉です。なにかもらったときは「ちょうどよかった。前からほしかったの」、待たされたら「ちょうどよかった。読みたい本があったから」、買いたいものが品切れだったら「ちょうどよかった。節約したかったから」と都合のいい理由しか思いつかなくなります。**口グセのように使っていると、ちょうどいいことが起こりやすくなり、「私は運がいい」と確信するはず。**

10

目に見えない力への「おかげさま」が幸運を呼ぶ

「おかげさまで」
「〇〇のおかげです」

「おかげさま」とは、目に見えない〝陰〟の力に対して感謝をする気持ち。うまくいったときに「〇〇さんのおかげです」など口にしていると、自分だけの力でないことを実感します。**運のいい人は「トラブルのおかげ」と言い、不運な人は「トラブルのせい」と言います。愛される人は「みんなのおかげ」と言い、憎まれる人は「あの人のせい」と言います。**「おかげさま」は心をきれいにするお守りの言葉でもあります。

11

一緒に喜ぶことが、人生を何十倍もゆたかにする

「私もうれしい」
「自分のことのようにうれしい」

辛いときに共感してもらうより、うれしいときに一緒に喜んでもらうほうが関係は強くなるという実験結果があるとか。自分のことを一緒に喜んでくれる人がいるだけで心強くなり、がんばれるもの。結果が出たときの喜びは何倍にもなります。

まわりでいいことがあったら、他人事にせず「私もうれしい」と口に出して喜びましょう。人の喜びを自分事にできる人は、ゆたかな人生を送れるのです。

12

「私もそうだよ」で心が強くなる

「私もそうだよ」
「私も同じ経験がある」

ミスをしたとき、悩んでいるときなど、だれかの「私もそうだった」のひと言に救われることがあります。**同じものが好きなとき、同じ意見のとき、似た体験があるときなども「私も」とどんどん口に出しましょう。**仲間意識が芽生えて、意見を交換したり、助け合ったりすることが多くなります。「私もそう」という経験を重ねるほど、理想と現実の折り合いをつける術《すべ》も、人生を渡り歩く術も磨かれていくのです。

13

「お互いさま」は自立した人同士の助け合いをつくる

「困ったときは、お互いさま」

「お互いさま」は、迷惑をかけられた相手に対して「私も迷惑をかけることがあるから、気にしないで」という意味であり、人が共存していくための言葉です。**職場でだれかが休んだり、ミスをしたときに責めるのではなく、「お互いさま」とフォローすれば、自分もまた助けてもらえます。**社会や人生のなかで、自分もだれかに迷惑をかけるのだから、大目に見よう、自分のできる範囲で力になろうという謙虚な気持ちにもなるのです。

14

運のいい人は「あなた（私）なら」と意識する

「大丈夫。あなたなら、できる」
「私なら、乗り越えられる」

単に「できるよ」と言われるより、「あなたなら、できるよ」と言われたほうがうれしく、力がわいてきます。箸《はし》にも棒にもかからない人には言わないもの。**「あなたなら」は評価され、信頼されているからこその言葉なのです。**

自分自身に対しても「私ならできる」と言ってみましょう。最初は自信がなくても、繰り返し言っているうちに、「きっとできる！」と確信に変わるときがくるはずです。

15

「よろしければ」を加えるだけで、感じのいい表現ができる

「ご都合がよろしければ、ぜひお越しください」
「よろしければ、お手伝いしましょうか」

いきなり「連絡先を教えてください」と言うと、高圧的な印象を与える可能性がありますが、**「もしよろしければ」と加えると、ストレスをやわらげ、相手の意思を尊重する形になります。**誘い、お願い、善意を示すときなど、相手に迷惑になるのではと躊躇《ちゅうちょ》してしまいがちですが、「よろしければ」で声をかけやすくなり、相手も返答しやすくなります。断られるのも前提なので、だれも傷つかない誘い方なのです。

16

いまやれることをやって あとは運に任せる

「なんとかなる」

「なんとかなる」はいい加減な言葉のようですが、なにもやっていない人が口にしても効果はないでしょう。やることをやって「なんとかなる」と天に任せたときに、運が味方をしてくれます。新しい世界に飛び込むとき、悩みながらも進んでいるときの「なんとかなる」も効力を発揮します。**「なんとかなる」は前に進もうとする人を、余計な心配から解放し、応援してくれる言葉。**使えば使うほど運が開けてくるのです。

17

執着を手放して、大事なことに向かおう

「ま、いっか」
「それはしょうがない」

「なんでそうなるのよ」「許せない」「やってしまった」「どうしよう」とぐるぐる考え続けても、どうにもならないことがあります。

〝過去〟と〝他人〟のことは変えられない。変えられるのは〝いま〟と〝自分〟だけ。「ま、いっか」「しょうがない」と思考にストップをかけて執着を手放しましょう。すると、心が軽くなって「やれることをやればいい」といまに向き合えるようになります。

18

すべてのことは永遠ではない

「こういう日もある」
「そういうこともある」
「そんな人もいる」

うまくいかないことがあったとき、必要以上に落ち込んだり、自分を責めたりしていませんか？　**「そんなこともある」とつぶやけば、「いいこともあるし、そうでないこともある」と俯瞰《ふかん》した目線が生まれて気がラクになるもの。**信じられない人がいたら「そういう人もいる」、嫌なことが目についたら「そういう部分もある」と引いて見ることが幸運を導きます。深刻にならないほうが、ものごとはうまくいくのです。

19

「会えてよかった」は最上級のほめ言葉

「あなたに出逢えてよかった」
「久しぶりに会えてよかった」
「○○さんがいてくれてよかった」

恥ずかしがらず「会えてよかった」と伝えると、だれでも喜んでくれます。「○○だからよかった」という条件つきではなく、その人の存在そのものに感謝し、敬意を表す言葉だからです。すべての人はだれかの役に立ちたいと、魂のレベルで願っています。家族、友人、恋人、同僚はもちろん、**初対面の人にも「会えてよかった」「あなたがいてよかった」と伝えることは、偶然のつながりを奇跡に変えてくれる**のです。

20

自分自身をほめと感謝で育てよう

自分自身に「よくやった！」「勇気をもてたね」「よく堪えたね」「その調子！」「ありがとう」

人に対してほめたり感謝したりしていても、自分自身にはつい「私はダメだなぁ」「なんでできないの？」とダメ出しをしてしまうもの。**「朝、よく起きた！」「仕事に行った。えらい！」「一週間よくがんばった」とほめてあげましょう。**自分をほめていると、人からほめられなくても自分を認め、自信がもてるようになります。また、自分自身に「ありがとう」とつぶやいていると、自分と人生が、かけがえのないものに思えてくるはずです。

運がいい人の「話し方」、
運が悪い人の「しゃべり方」

話し方を変えるだけで幸運がやってくる!

2021年9月20日　第1版第1刷

著　者　　有川真由美
発行者　　伊藤岳人
発行所　　株式会社廣済堂出版
〒101-0052
東京都千代田区神田小川町2-3-13 M&Cビル7F
電話03-6703-0964(編集)　03-6703-0962(販売)
Fax 03-6703-0963(販売)
振替00180-0-164137
https://www.kosaido-pub.co.jp

印刷・製本　　三松堂株式会社

カバーイラスト　　あわい
ブックデザイン　　喜來詩織(エントツ)
本文DTP　　株式会社三協美術

ISBN978-4-331-52336-0 C0095